Caroline Bayol-Lavoux

Fotos: Fabrice Besse
Styling: Sonia Roy

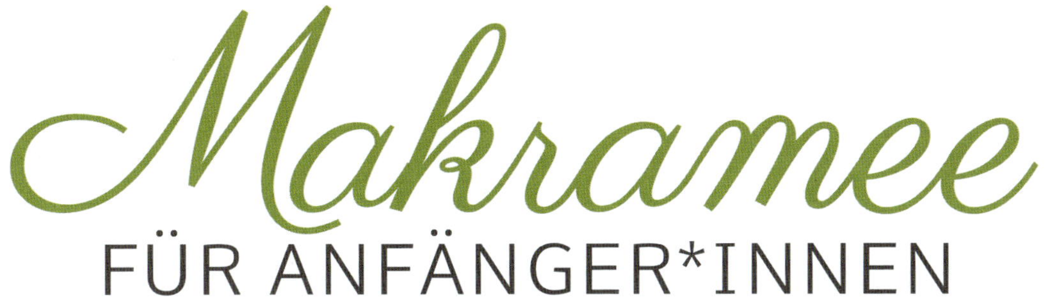

FÜR ANFÄNGER*INNEN

Die wichtigsten Knoten & Knüpftechniken
in 10 einfachen Projekten

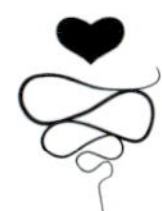

Bassermann

Ich widme dieses Buch Vincent, der an mich geglaubt hat, meinen Kindern, Arsène und Samson, meinen Schwestern und meiner Mutter, die immer für mich da waren, meiner Familie und meinen Freunden, die meine Abenteuer aus der Ferne verfolgen, allen meinen Schülerinnen in meinen Workshops und Kundinnen für ihr Vertrauen und ihre Freundlichkeit.

Vielen Dank an den Verlag Mango Éditions für die Möglichkeit, ein Buch zu schreiben.
Vielen Dank an Hélène Raviart für ihr Wohlwollen und ihr Fachwissen.

Ein großes Dankeschön an Bobbiny, dass ich auf La Réunion mit so wunderbaren, umweltfreundlichen Garnen arbeiten kann.

Alle Garne, die für die Projekte in diesem Buch verwendet wurden, finden Sie auf www.bobbiny.com

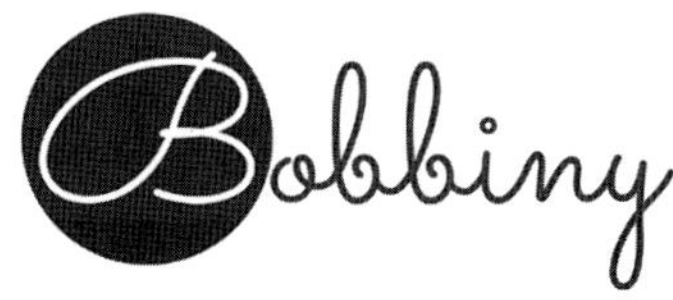

Inhalt

Über die Autorin ... 4
Was ist Makramee? ... 5
Material und Vorbereitung ... 6

Tragegurt für eine Yogamatte ... 8
Der Lerchenkopfknoten (LKK) ... 10
Der Kreuzknoten (KK) ... 11
Der Lerchenkopfknoten mit einem Faden ... 13

Blumenampel im Retrolook ... 16
Der Abbindeknoten ... 18
Das versetzte Kreuzknotenmuster (VKK) ... 20

Bindegürtel ... 24
Der Kettknoten (KE) ... 26

Boho-Wandbehang ... 30
Der Rippenknoten (RK) ... 32
Die Halbknotenspirale ... 34

Lampenschirm ... 38
Der gebauschte Rippenknoten ... 41

Spiegelrahmen ... 44
Der Beerenknoten ... 46
Fransen versteifen ... 48

Kleine Tasche ... 50
Der waagerechter Rippenknoten ... 52
Makramee zusammennähen ... 54

Rundes Tischset ... 56
Der Rippenknoten in der Runde ... 58
Fäden einfügen ... 60

Utensilo ... 64
Kreuzknoten ohne Befestigung ... 67

Netzbeutel ... 70
Das versetzte Kreuzknotenmuster mit Zwischenräumen ... 73
Blumenspitzen knüpfen ... 77

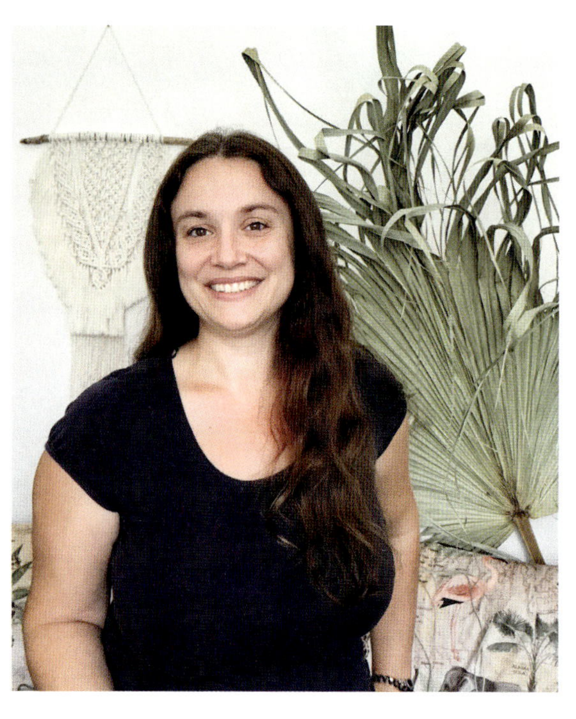

Über die Autorin

Ich liebe es herauszufinden, wie Dinge hergestellt werden, und mit meinen Händen etwas Neues zu erschaffen. Es interessiert mich, welche Techniken und Kniffe Designer*innen anwenden. Ich probiere sie aus und teile mein Wissen mit anderen.

Als Allroundtalent nähe, stricke, häkle, klöpple und bastle ich ... und seit nunmehr vier Jahren beschäftige ich mich auch mit Makramee. Es waren die wunderschönen Boho-Wandbehänge mit ihren langen, gekämmten Fransen, die mein Interesse an dieser Knüpftechnik weckten. Ich begann daher selbst, Makramee-Arbeiten anzufertigen. Je länger ich mich damit befasste, desto mehr begeisterte mich, wie einfach es ist, eine große Bandbreite an dekorativen Objekten zu schaffen, die darüber hinaus auch noch praktisch im Alltag sind.

Der Wunsch, mein Wissen mit anderen zu teilen, hat mich dann 2019 dazu bewogen, meinen ersten Blog unter dem Namen *La Tortue Fait Maison* ins Leben zu rufen. Hier teile ich meine kreativen Ideen. Es ist mir ein Anliegen, andere zum Handarbeiten zu motivieren, und ich möchte zeigen, dass jede*r das schaffen kann!

Legen Sie also los, und wenn Sie mögen, lassen Sie mich an Ihren Projekten teilhaben!

Caroline

Sie finden *La Tortue Fait Maison* auf Facebook, Instagram und Pinterest, meine Website ist www.latortuefaitmaison.com (Social-Media-Accounts und Website auf Französisch)

Was ist Makramee?

Makramee ist eine künstlerische Technik, bei der durch das Verknüpfen von Fäden Gegenstände hergestellt werden.

Das Wort Makramee soll auf arabische Händler zurückgehen, die im 13. Jahrhundert Handel mit Europa trieben. Um die Fransen ihrer gewebten Tücher zu fixieren, verzierten sie sie mit Knoten. Dies ist der Ursprung des Makramee, wie wir es kennen: nützlich und gleichzeitig dekorativ.

Es ist eine recht einfache Technik, da drei oder vier Knoten für die meisten Kreationen schon ausreichen. Trotzdem scheint die Vielfalt der möglichen Projekte schier unendlich zu sein.

Die zehn in diesem Buch vorgestellten Modelle bauen aufeinander auf und stellen die Knoten in der Reihenfolge vor, in der sie normalerweise auch erlernt werden. Überspringen Sie deshalb keinen der Schritte!

Ich empfehle Ihnen, Ihre Anmerkungen zu jedem Projekt auf Klebezetteln festzuhalten, die Sie dann in das Buch kleben können. Beispielsweise, ob die Länge der Fäden stimmte (je nachdem, wie fest man die Knoten zieht, kann das Ergebnis variieren) oder ob Sie sich für ein anderes Garn entschieden haben. Diese Anmerkungen sind für zukünftige Arbeiten sehr hilfreich.

Material und Vorbereitung

Das Garn

Die Wahl des Garns ist das Wichtigste bei der Herstellung Ihrer Makramee-Arbeit. Bevor Sie loslegen, sollten Sie sich einen Moment Zeit nehmen, um über den Gegenstand, den Sie knüpfen möchten, seine Abmessungen, das Knotenmuster und das gewünschte Aussehen nachzudenken.

Die drei wichtigsten Arten von Baumwollgarn

Baumwollgarn gibt es in vielen verschiedenen Farben. Mittlerweile gibt es sogar Garn, das in Europa aus recycelter Baumwolle hergestellt wird. Die Stärke des Garns reicht von 2 bis 10 mm und die Wahl der passenden Stärke hängt von dem gewünschten Ergebnis ab. Die am häufigsten verwendeten Garne haben eine Stärke von 3 bis 6 mm.

- **Gekämmte Baumwolle** ist weich, die Fasern gewinnen beim Auskämmen an Volumen. Die speziell für Makramee hergestellten Garne aus gekämmter Baumwolle verleihen den Knüpfarbeiten eine glatte Oberfläche und lassen sich zu schönen Fransen verarbeiten. Sie können sie für alle Ihre Projekte verwenden, aber wenn Sie eine Tasche oder einen Vorhang knüpfen, müssen Sie die losen Stränge mit Knoten sichern, da sie empfindlicher sind. Es kann außerdem sehr gut sein, dass Sie den Faden beim Verarbeiten wieder verzwirnen müssen, damit er seine runde Form behält.

- **Gezwirnte Baumwolle** besteht aus 3 oder 4 gedrehten Strängen. Die auf diese Weise hergestellten Garne sind stärker und dichter als die aus gekämmter Baumwolle. Sie lassen sich ebenfalls zu Fransen auskämmen. Diese kräuseln sich zwar, aber Sie können sie mit Dampf glätten. Gezwirnte Baumwolle, die nicht so glatt und geschmeidig ist wie gekämmte Baumwolle, empfehle ich zur Herstellung von Gegenständen, die Reibung und einer intensiven Nutzung standhalten müssen.

- **Geflochtene Baumwolle** ist ein Garn, das um einen Baumwollkern herumgeflochten wird. Es ist nicht so dicht wie die anderen und auch etwas weniger elastisch. Dieses Garn wird übrigens gerne zum Häkeln verwendet. Es eignet sich nicht für Fransen, da es sich nur sehr schwer auskämmen lässt. Geflochtene Baumwolle empfehle ich Ihnen für Taschen oder Türvorhänge.

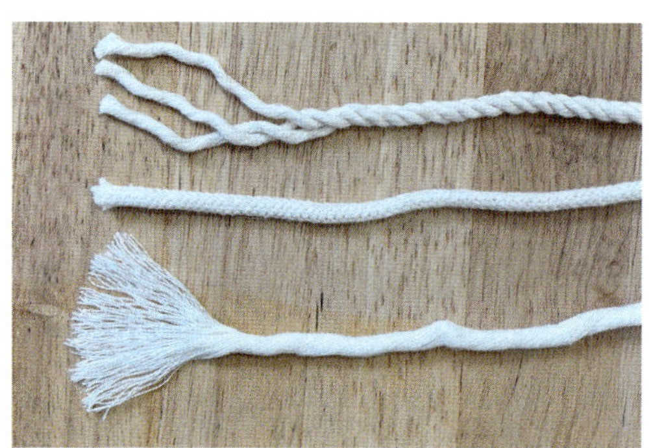

Gezwirnte Baumwolle

Geflochtene Baumwolle

Gekämmte Baumwolle

Ausstattung

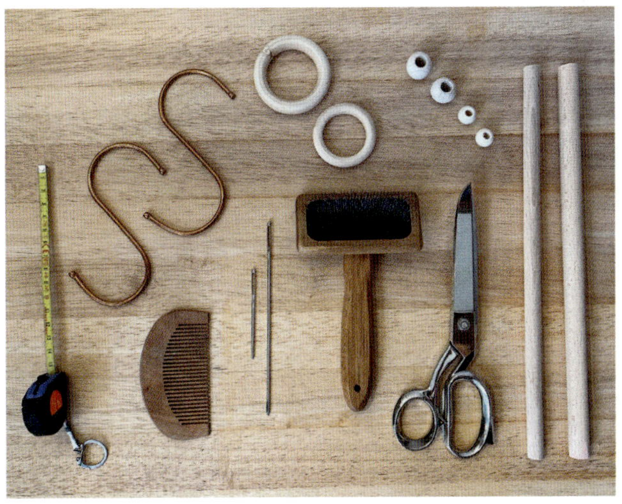

- **Eine Schere** und **ein Maßband** sind unerlässlich. Ergänzend können Sie sich folgende Dinge anschaffen:
- **Eine Bürste** oder **einen Kamm** zum Auskämmen von Fransen. Für lange Fransen sollten Sie eine stabile Bürste mit Metallstiften verwenden.
- **Einen Holzstab** oder **einen Ast** für Projekte wie Wandbehänge und Hängeleuchten.
- **Einen Metallring** für die Einfassung eines Spiegels zum Beispiel.
- **Eine Teppichnadel** aus Metall in der entsprechenden Länge zum Durchziehen der Fäden. Makramee-Knoten sind eng, deshalb muss die Nadel stabil sein.

Für Ihre Aufhängungen können Sie ergänzend **Ringe** verwenden und Ihre Kreationen mit **Holzperlen** verzieren.

Die richtige Arbeitshaltung beim Knüpfen

Die meisten Makramee-Stücke werden mit hängenden Fäden geknüpft. Zu Anfang können Sie zum Arbeiten eine Stuhllehne verwenden, doch es empfiehlt sich, sich eine höhenverstellbare Kleiderstange anzuschaffen. So können Sie im Sitzen oder Stehen arbeiten und ziehen Ihr Arbeitsstück nach und nach weiter nach oben. Machen Sie es sich bequem und wechseln Sie beim Arbeiten zwischendurch einmal die Position.

S-Haken können ein nützliches Hilfsmittel sein, um Ihren Holzstab an die Kleiderstange zu hängen. Wenn Sie keine zur Hand haben, knoten Sie 2 Ringe aus Fäden an die Querstange Ihres Kleiderständers und schieben Sie den Stab hindurch.

Damit Sie den Erklärungen leicht folgen können, wurden die Fotos der einzelnen Schritte liegend aufgenommen. Zu Beginn jeder Anleitung wird angegeben, ob es besser ist, mit hängenden oder flach ausgebreiteten Fäden zu arbeiten.

Tragegurt für eine Yogamatte

Techniken

–

Lerchenkopfknoten (LKK)

Kreuzknoten (KK)

Lerchenkopfknoten (LKK) mit einem Faden

Wir üben zunächst zwei wichtige Makramee-Knoten, den Lerchenkopfknoten und den Kreuzknoten, um einen langen Zopf zu knüpfen. Dieses einfache Projekt eignet sich hervorragend zum Einstieg.

Materialien

- 20 m gekämmtes, geflochtenes oder gezwirntes Garn (Stärke: 5 mm)
- 2 Holzringe mit einem inneren Durchmesser von 3,5 cm (äußerer Durchmesser: 5 cm)
- Schere
- Maßband
- Woll- oder Teppichnadel aus Metall

Knüpfposition und Zeitaufwand

Sie können mit flach ausgebreiteten oder hängenden Fäden arbeiten. Rechnen Sie mit etwa 3 Stunden Arbeitszeit.

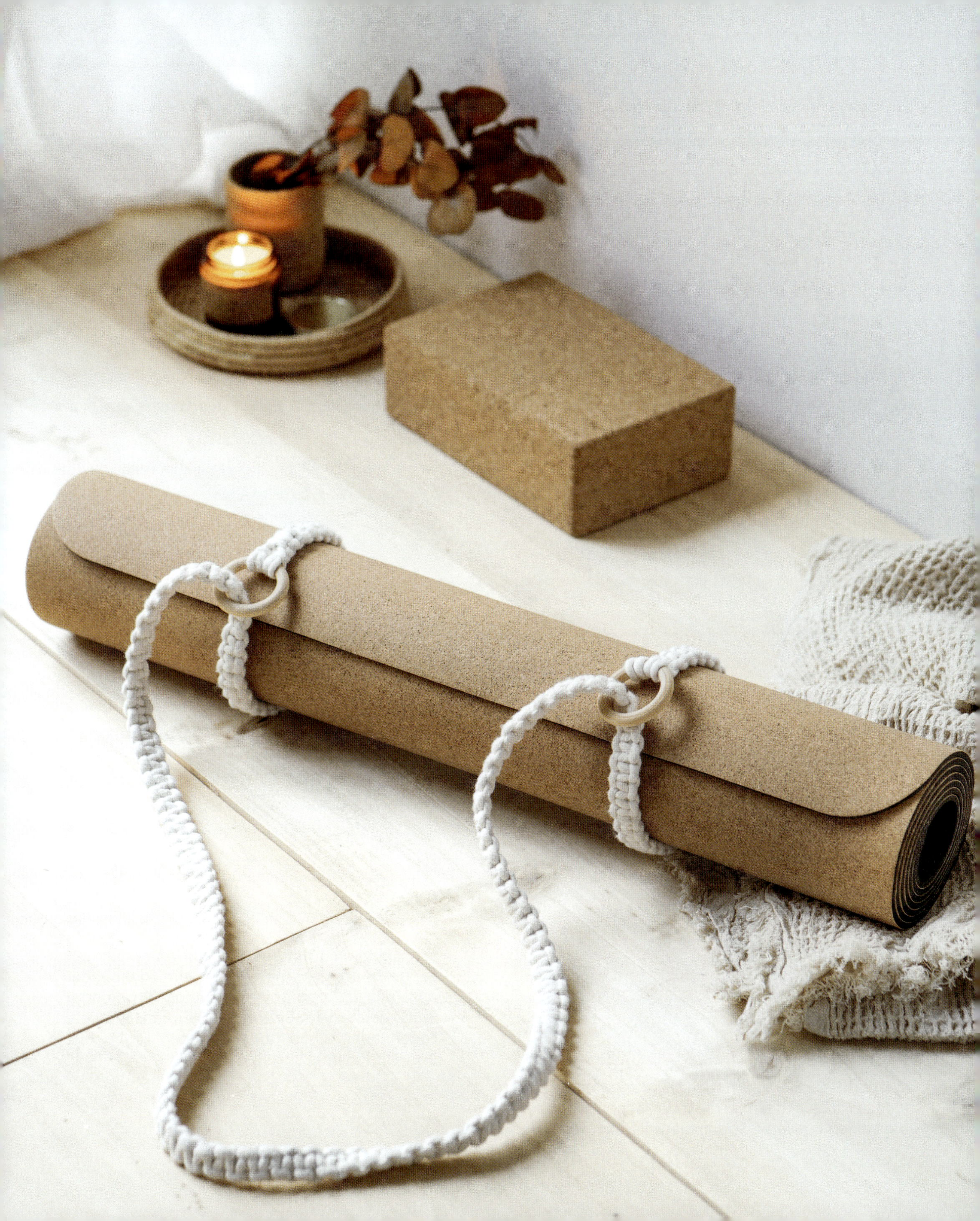

SCHRITT 1 *Einen Lerchenkopfknoten (LKK) knüpfen*

Für diesen Knoten können Sie die Fäden auf einer Unterlage ablegen.

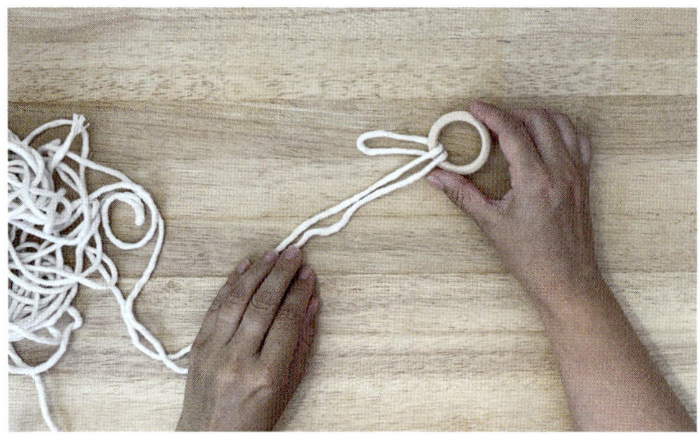

1 • Schneiden Sie einen 10 m langen Faden zu. Falten Sie ihn auf die Hälfte und schieben Sie die Schlaufe durch einen Ring.

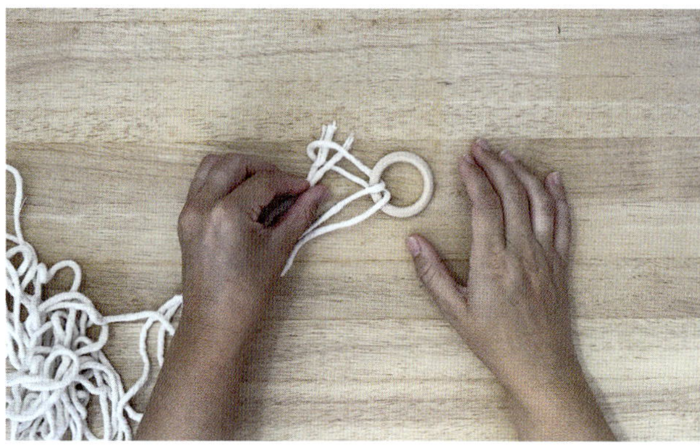

2 • Schieben Sie die Enden des Fadens durch die Schlaufe.

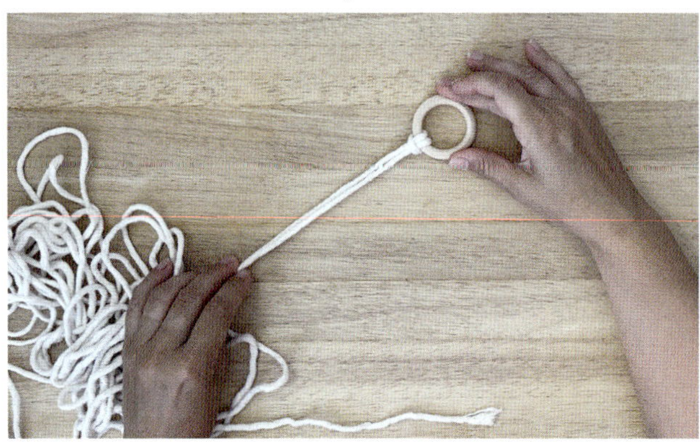

3 • Ziehen Sie an den Enden: Auf diese Weise knoten Sie einen LKK.

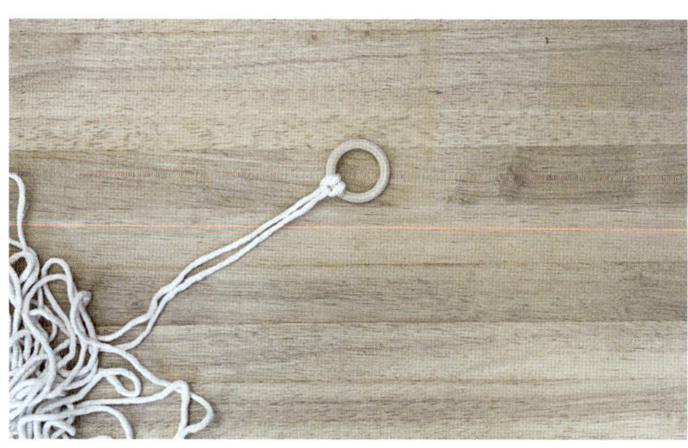

4 • So sieht der Knoten von der Rückseite aus.

SCHRITT 2

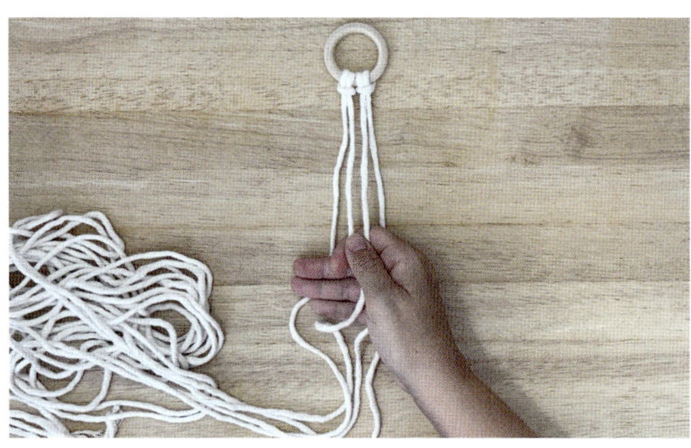

Wiederholen Sie Schritt 1 mit einem zweiten 10 m langen Faden. Passen Sie die Fadenlängen so an, dass die beiden mittleren Stränge jeweils 2 m lang sind.

Die Länge anpassen

Um die beiden mittleren Fäden in die richtige Länge zu bringen, messen Sie vom Fadenende aus 1 m ab und falten Sie das 1 m lange Stück nach oben. Befestigen Sie auf Höhe des Fadenendes einen andersfarbigen Faden als 2-m-Markierung.

SCHRITT 3 *Einen Kreuzknoten (KK) knüpfen*

Dieser Knoten wird mit 4 Fadensträngen geknotet. Die beiden in der Mitte sind die Füllerfäden.

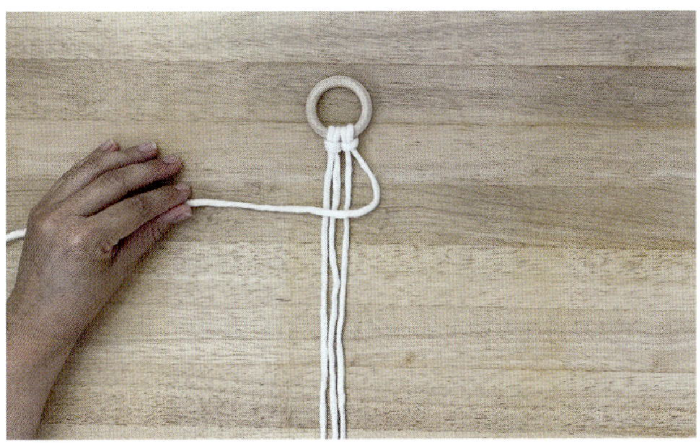

1 • Legen Sie den rechten Fadenstrang über die anderen.

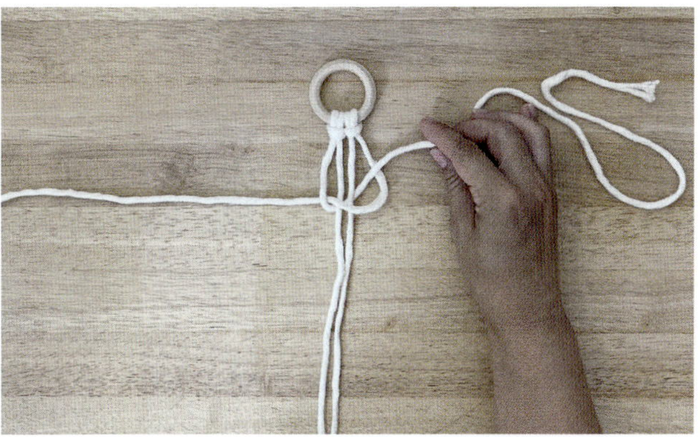

2 • Legen Sie den linken Fadenstrang über den rechten, führen Sie ihn unter den beiden mittleren hindurch und durch die Schlaufe wieder nach vorne.

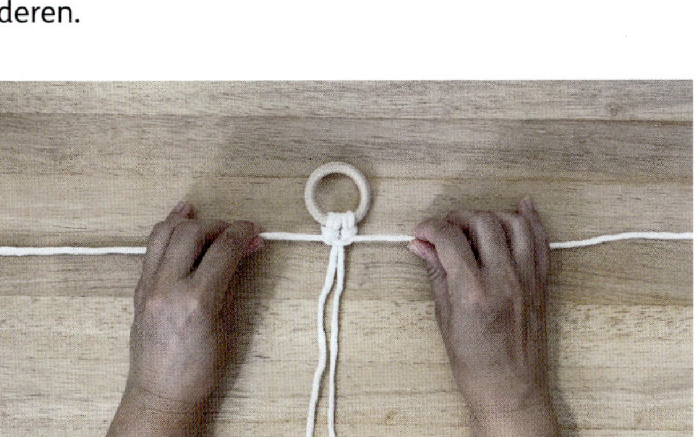

3 • Die beiden Fadenstränge zur Seite festziehen. Jetzt haben Sie den halben KK.

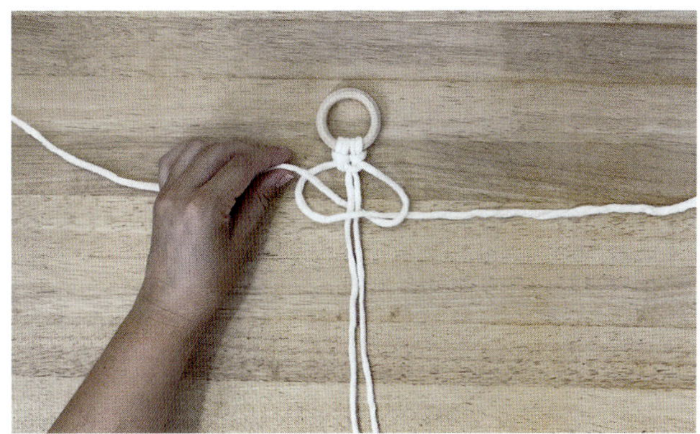

4 • Um den Knoten fertigzustellen, geht es umgekehrt weiter: Der linke Fadenstrang wird nach rechts gelegt. Den rechten Fadenstrang legen Sie über den linken, führen ihn unter den beiden mittleren hindurch und durch die Schlaufe auf der linken Seite wieder nach vorne. Die beiden Fadenstränge zur Seite festziehen.

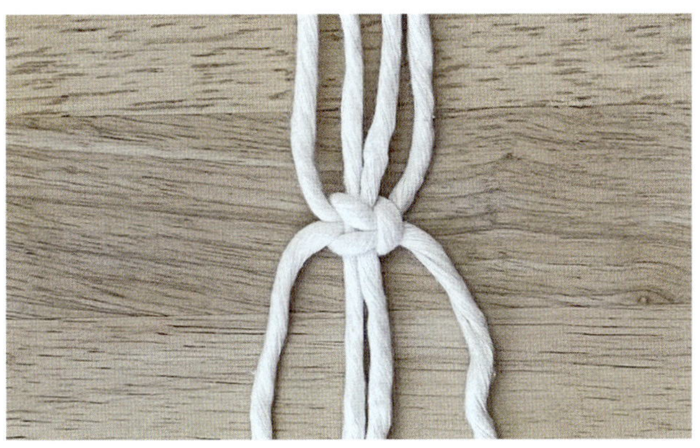

Einen Kreuzknoten erkennen

Der KK ist leicht an seiner Längsschlaufe und seinen zwei horizontal verlaufenden „Stiften" zu erkennen. Vorder- und Rückseite sind identisch. Sie können auch mit dem linken Fadenstrang beginnen – die Längsschlaufe ist dann links.

SCHRITT 4 Einen Zopf aus Kreuzknoten (KK) knüpfen

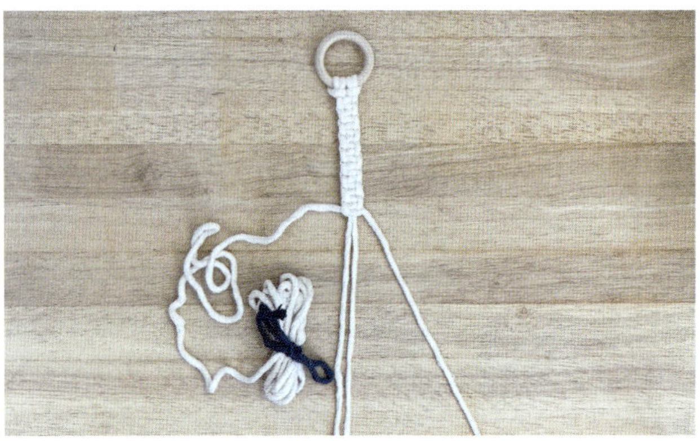

1 • Wickeln Sie zunächst den linken Fadenstrang zu einem Knäuel auf, damit sich das Garn nicht verheddert und sich leichter knoten lässt. Knoten Sie für einen etwa 1,8 m langen Zopf mit denselben 4 Fäden eine Reihe von KK.

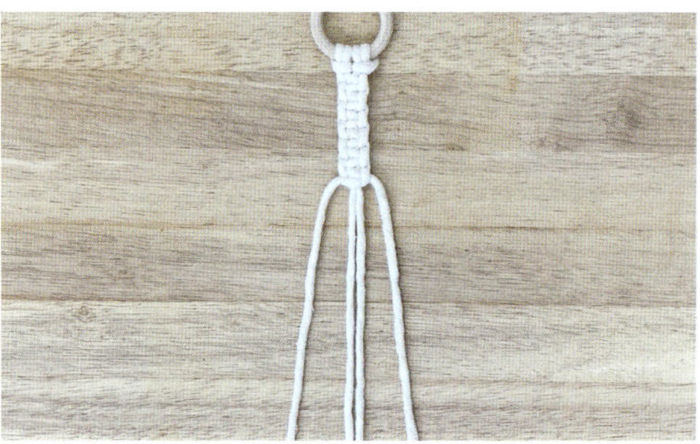

2 • Falls Sie nicht mehr wissen, mit welchem Faden Sie beginnen müssen, schauen Sie sich den Knoten an: Wenn die letzte Längsschlaufe rechts ist, beginnen Sie wieder mit dem rechten Fadenstrang.

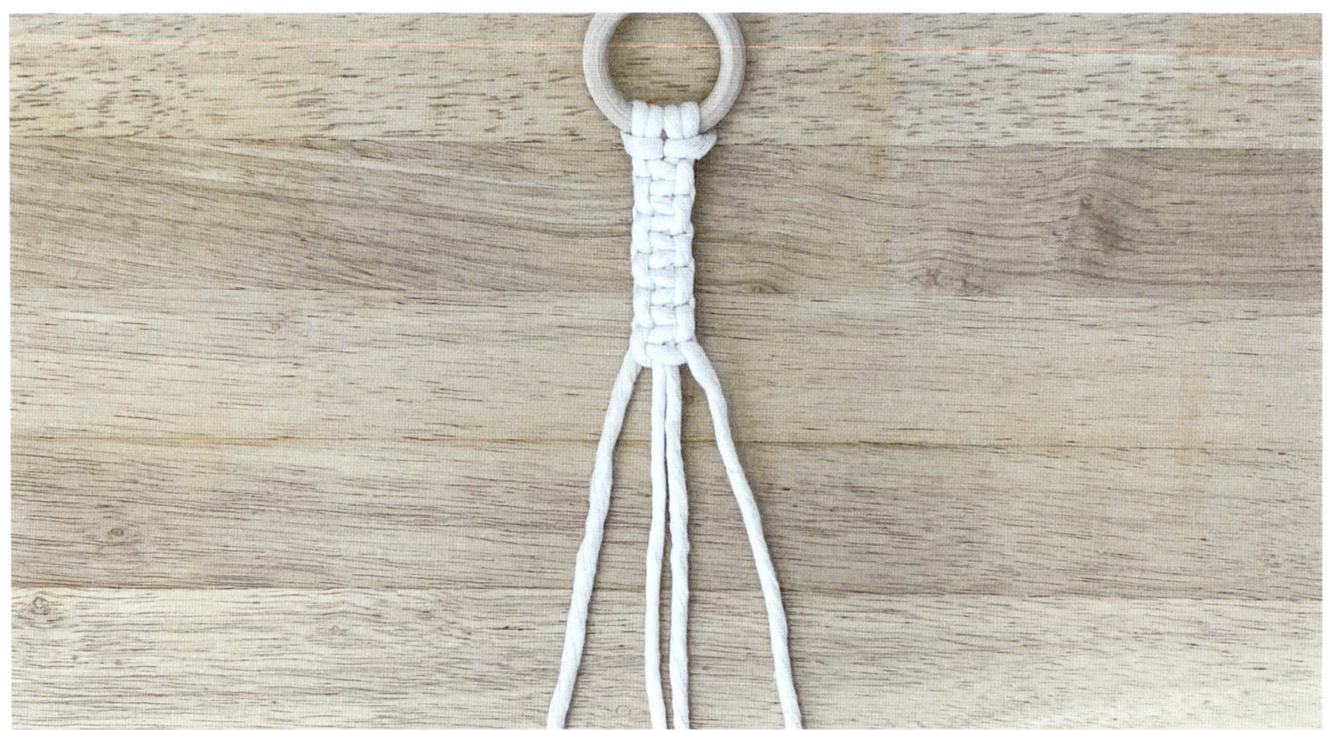

3 • Wenn die letzte Längsschlaufe links ist, beginnen Sie wieder mit dem linken Fadenstrang.

SCHRITT 5 *Einen Lerchenkopfknoten (LKK) mit einem Faden knüpfen*

Nachdem Sie den 1,8 m langen Zopf geknotet haben, befestigen Sie das Ende mit 2 LKK am zweiten Ring. Hier sehen Sie, wie dieser Knoten mit nur einem Faden geknüpft wird (der Zopf ist nicht abgebildet).

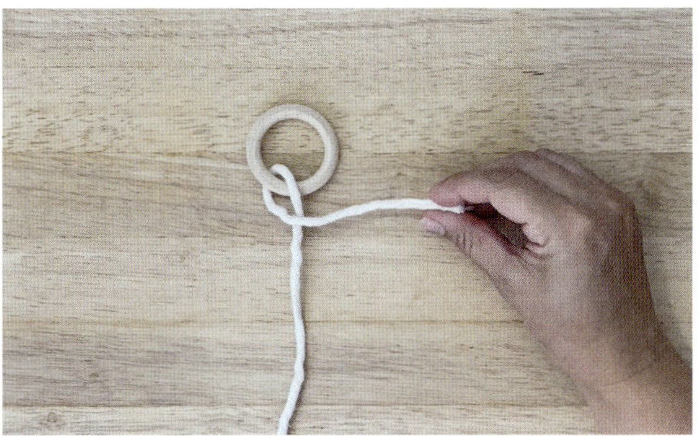

1 • Führen Sie einen der äußeren Fäden des Zopfes von vorne durch den Ring; legen Sie ihn dann waagerecht über den Faden.

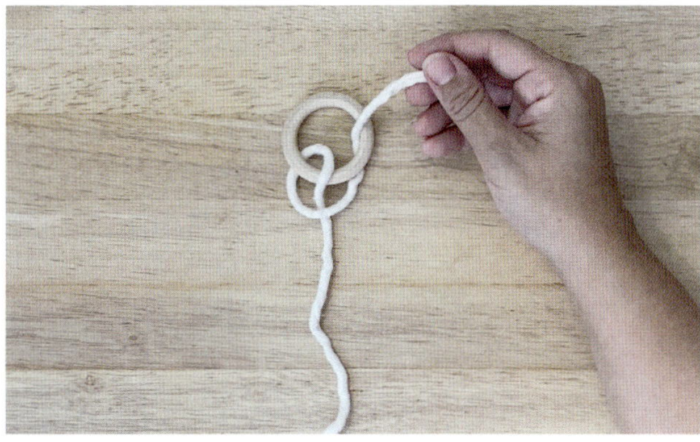

2 • Ziehen Sie ihn von hinten durch den Ring.

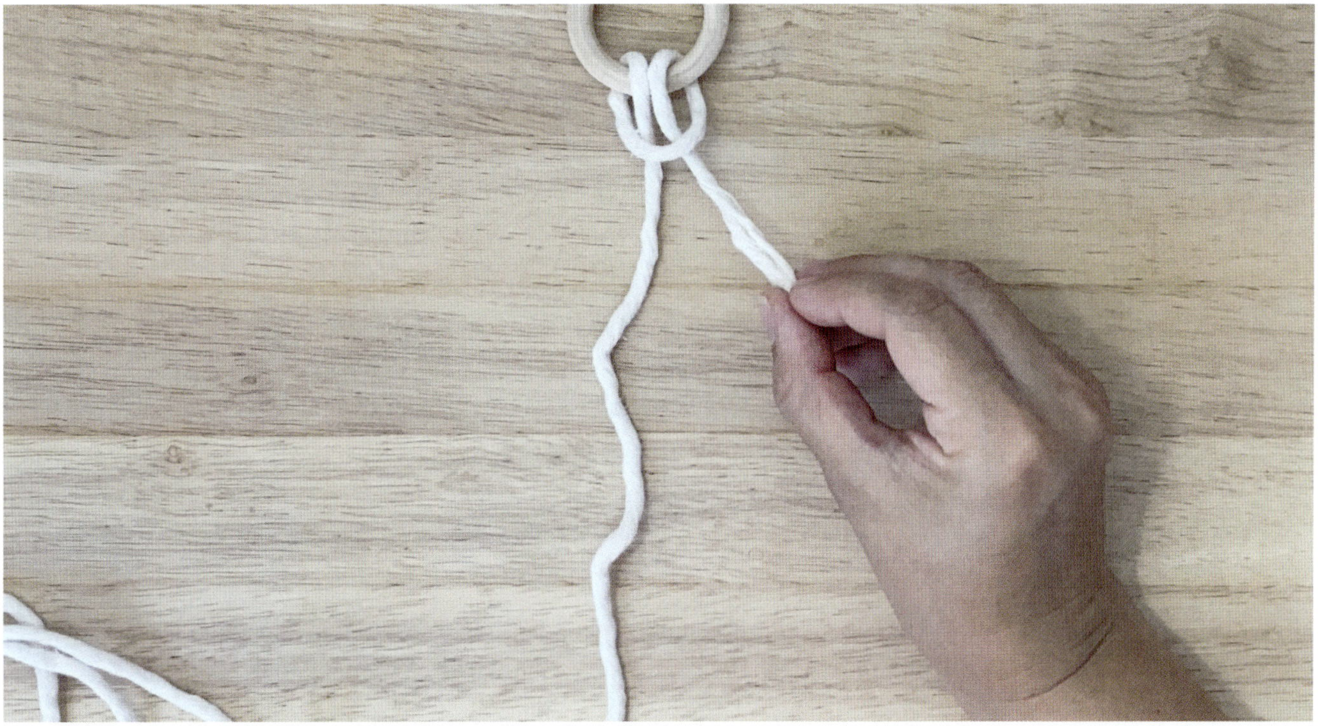

3 • Führen Sie ihn auf der Vorderseite des Rings durch die Schlaufe nach unten.

SCHRITT 6

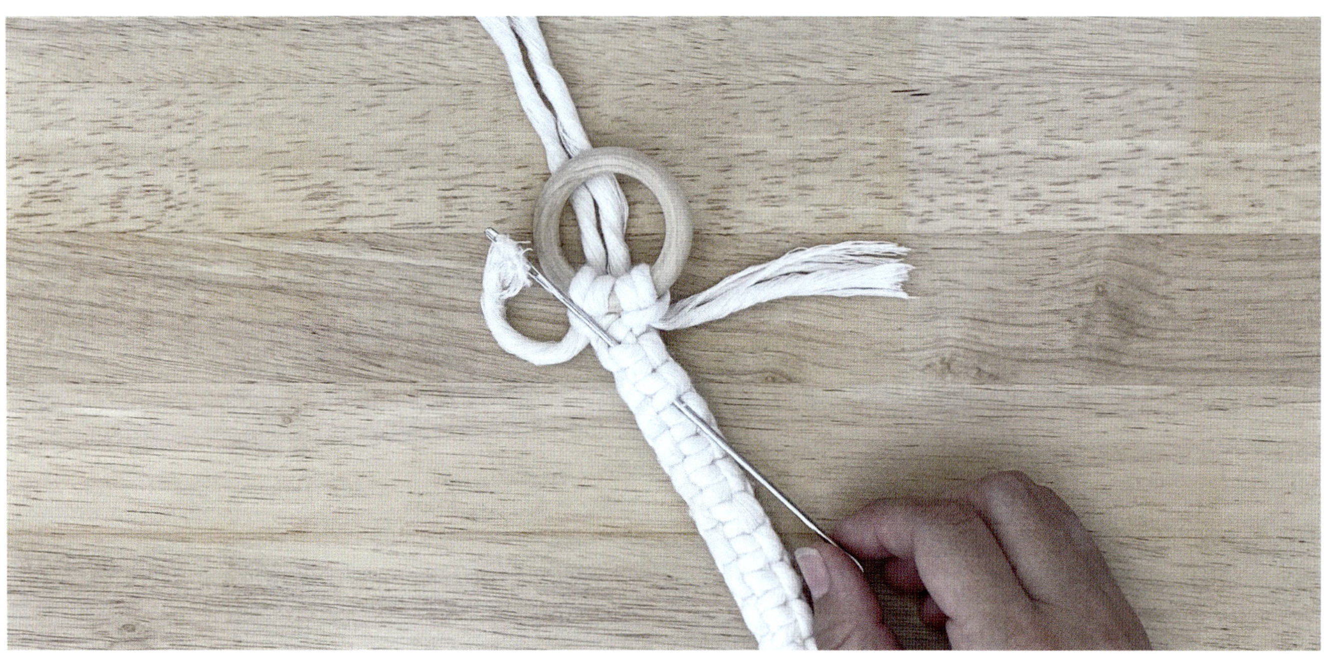

Knüpfen Sie einen zweiten LKK mit dem anderen äußeren Faden des Zopfes. Gut festziehen, dann die äußeren Fäden mit einer Nadel ins Innere des Zopfes einziehen.

SCHRITT 7

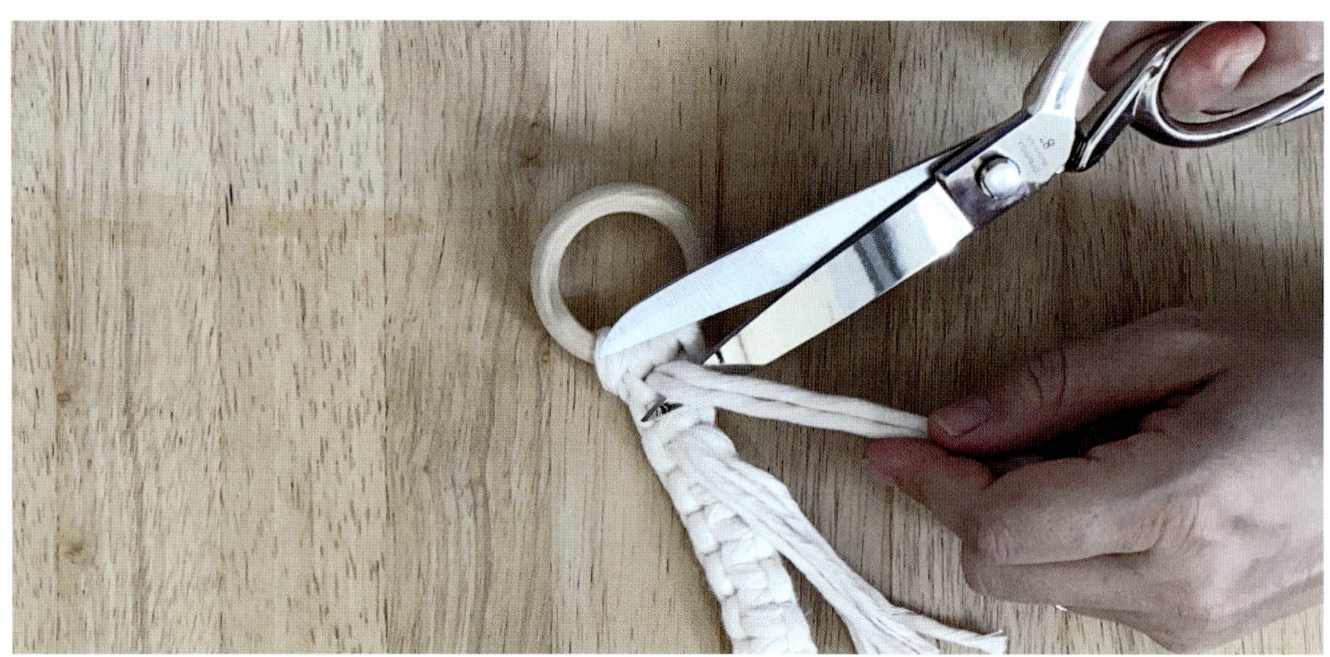

Ziehen Sie die mittleren Fäden ebenfalls ein. Schneiden Sie zum Schluss überstehende Fadenenden knapp ab.

SCHRITT 8 *Den geflochtenen Gurt in Position bringen*

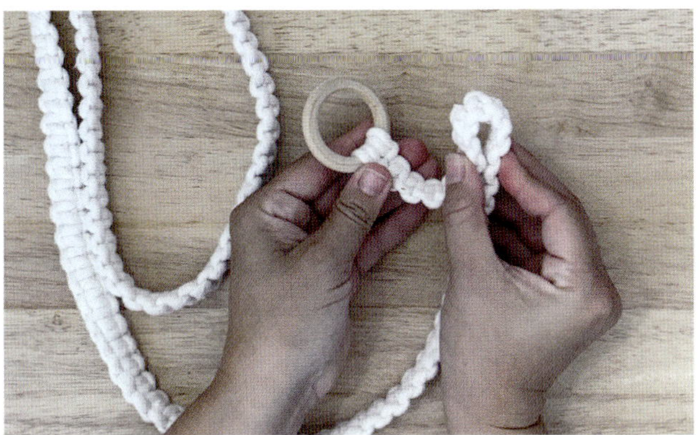

1 • Den Gurt an den Enden bündig übereinanderlegen und jeweils durch die Ringe führen.

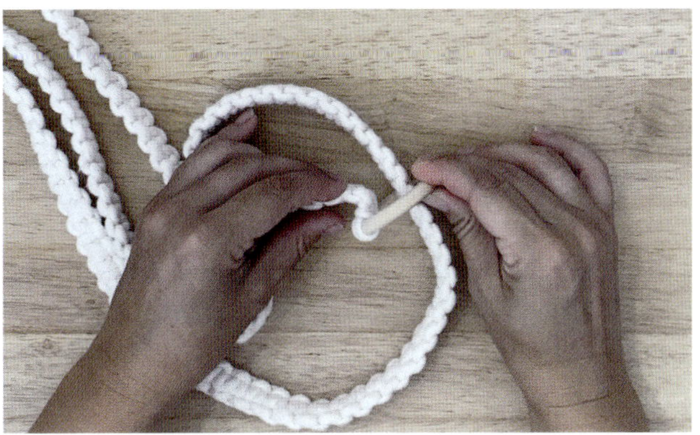

2 • So entsteht an beiden Enden eine große Schlaufe.

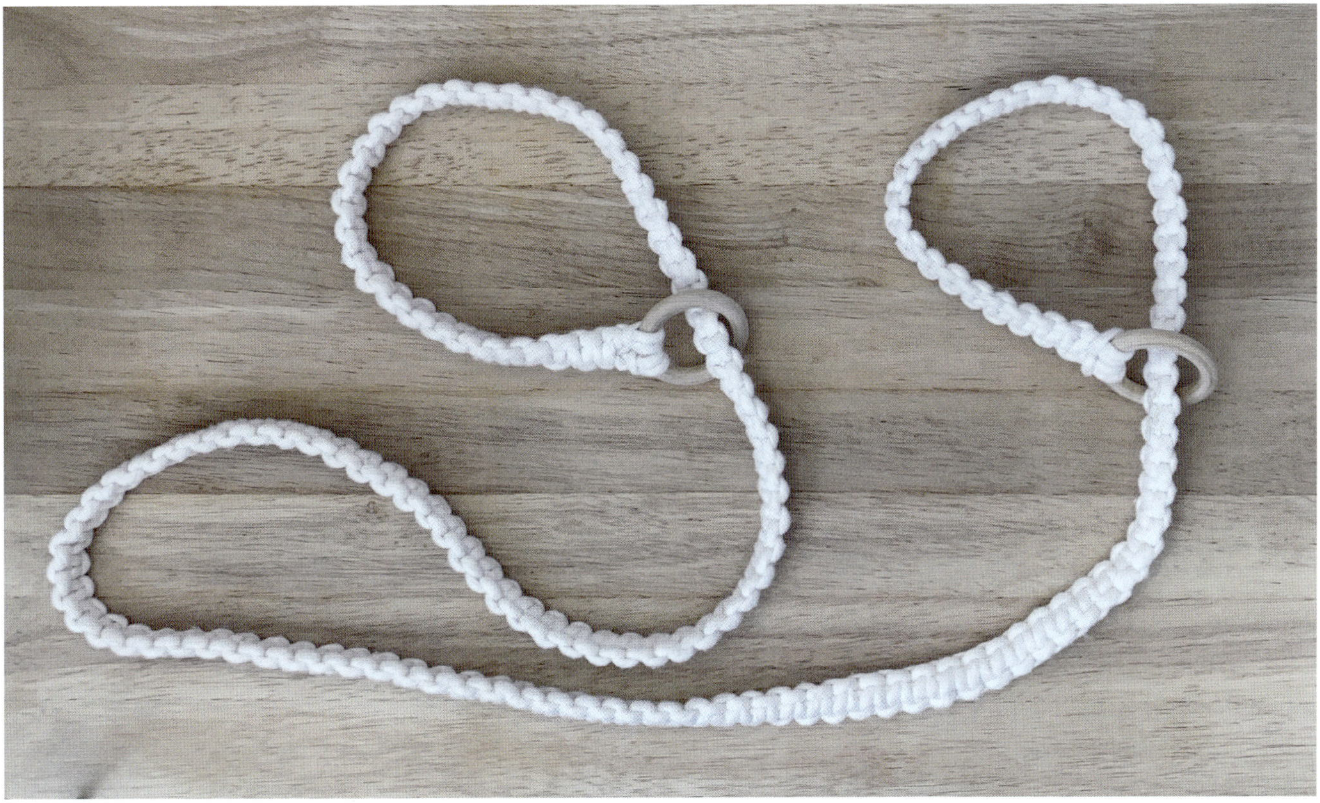

3 • Stecken Sie Ihre Yogamatte durch die Schlaufen.

Blumenampel im Retrolook

Techniken

Abbindeknoten

Versetztes Kreuzknotenmuster (VKK)

Die Blumenampel ist ein beliebter Klassiker. Dieses Modell besteht aus drei breiten Strängen, was ihm seinen typischen 70er-Jahre-Look verleiht. Unten wird die Blumenampel mit dem unverzichtbaren Abbindeknoten abgeschlossen. Bei diesem Projekt arbeiten Sie mit dem versetzten Kreuzknotenmuster in der Waagerechten.

Materialien

- 60 m gekämmtes Garn (Stärke: 3 mm)
- Schere
- Maßband
- Bürste mit Metallstiften oder Kamm (optional)

Knüpfposition und Zeitaufwand

Arbeiten Sie mit hängenden Fäden. Rechnen Sie mit etwa 4 Stunden Arbeitszeit.

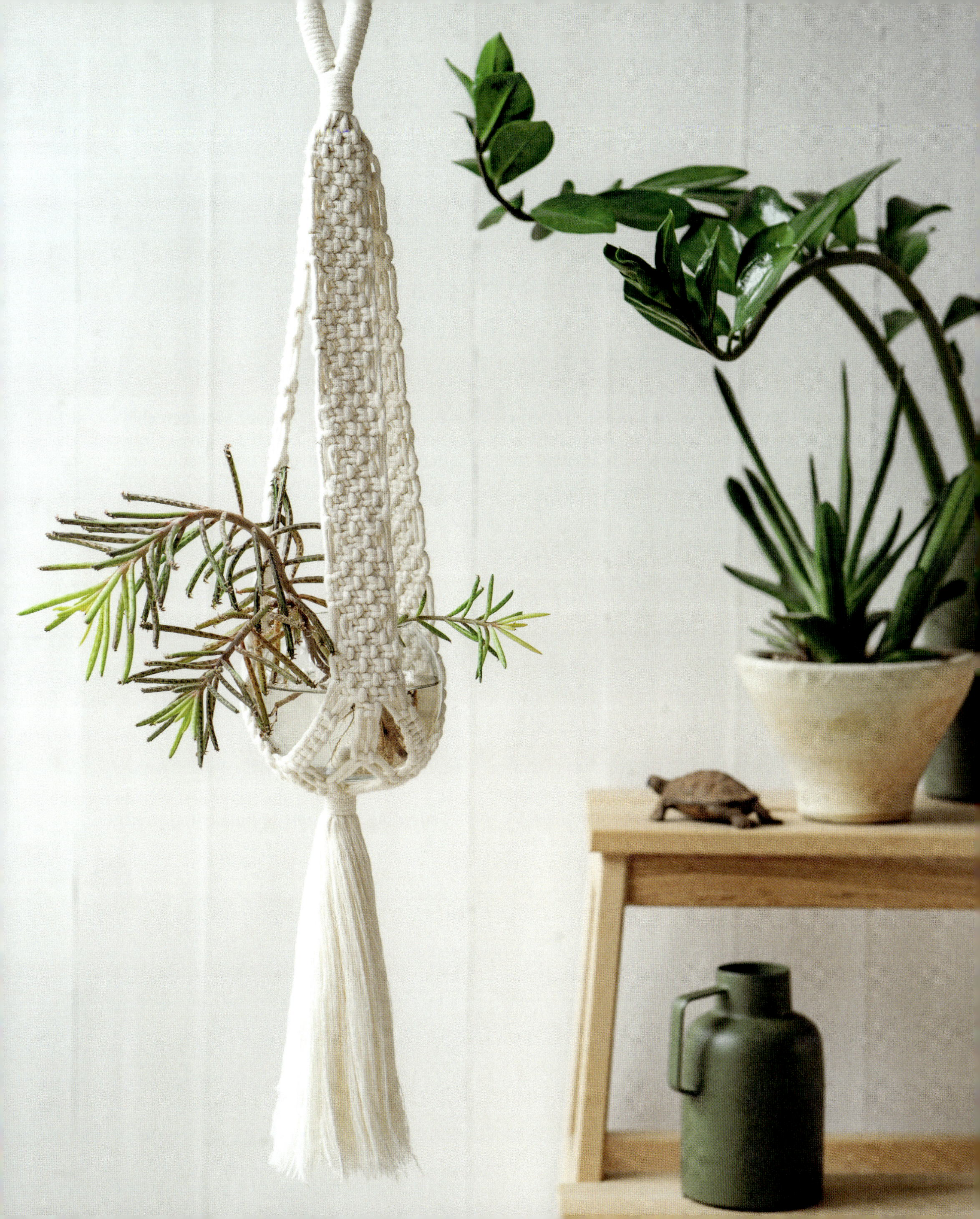

SCHRITT 1 *Einen Abbindeknoten knüpfen*

Für die Aufhängung der Blumenampel knüpfen wir 2 Abbindeknoten.

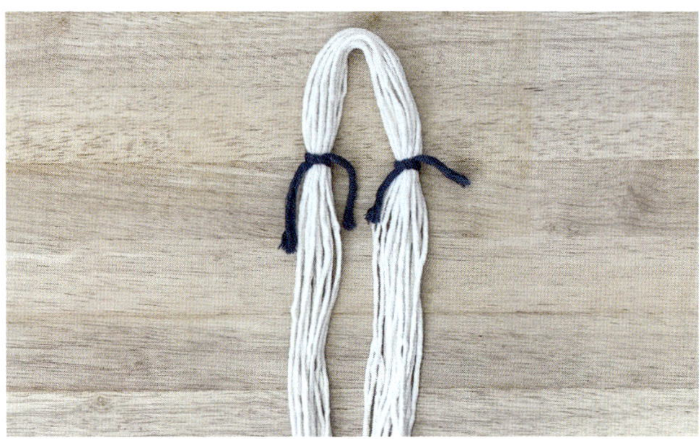

1 • Schneiden Sie 18 Fäden zu, jeweils 3 m lang, und legen Sie sie doppelt. Binden Sie 2 andersfarbige Markierungsfäden mit jeweils 8 cm Abstand zur Mitte um das Fadenbündel.

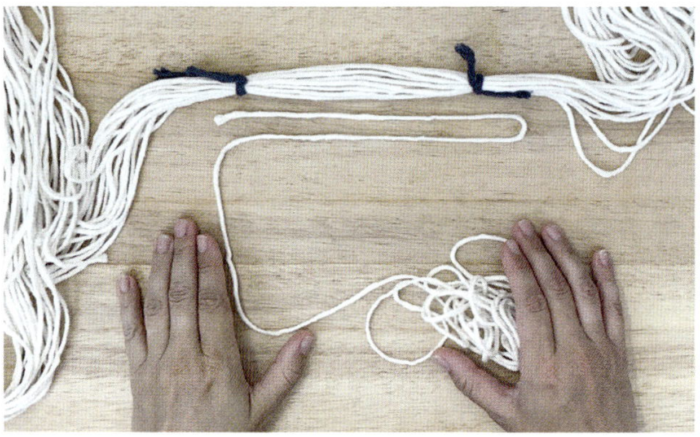

2 • Legen Sie die Fäden waagerecht vor sich. Nehmen Sie einen neuen 3 m langen Faden und legen Sie ihn u-förmig darunter, sodass er an beiden Seiten mehrere Zentimeter über die Markierungen hinausragt.

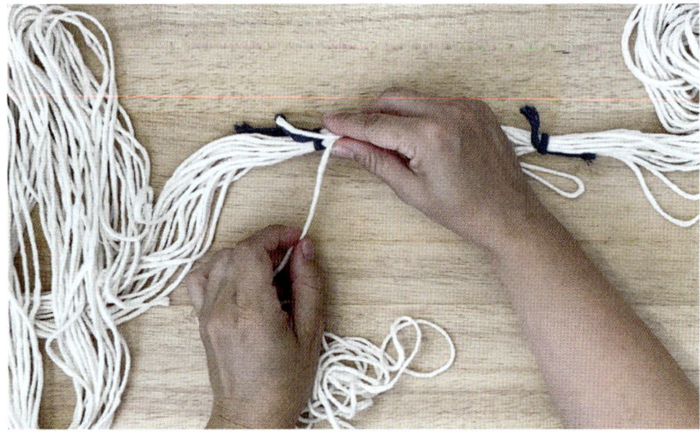

3 • Befestigen Sie die offene Seite des U an der linken Markierung des Fadenstrangs, indem Sie es mit dem Faden umwickeln.

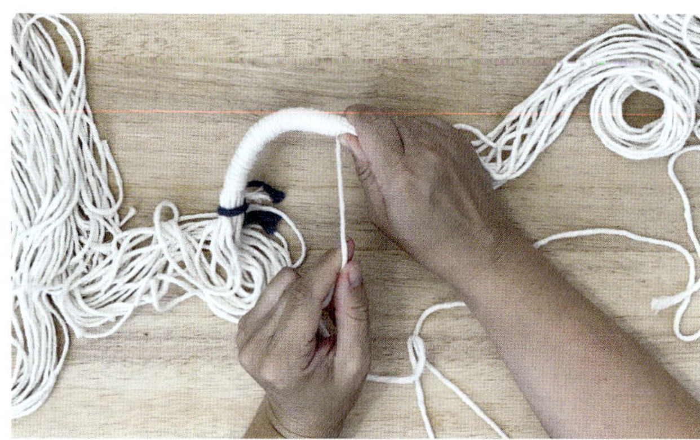

4 • Umwickeln Sie die 18 Fäden mit dem losen Faden, bis Sie die rechte Markierung erreichen.

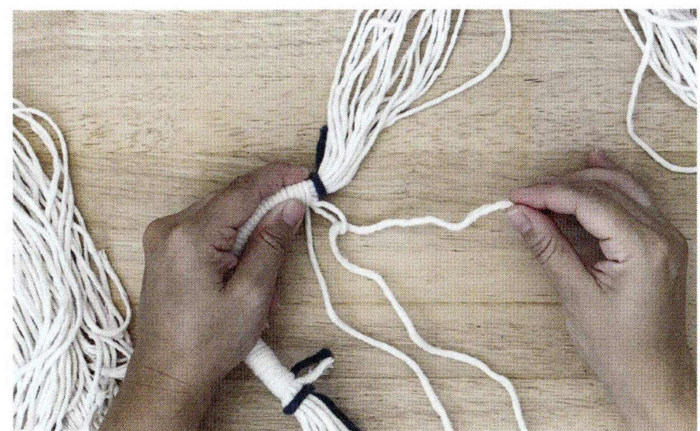

5 • Führen Sie den Faden durch die U-Schlaufe und ziehen Sie sie zu, indem Sie am gegenüberliegenden Fadenende ziehen, bis die Schlaufe unter dem aufgewickelten Faden verschwunden ist. So fixieren Sie den Knoten.

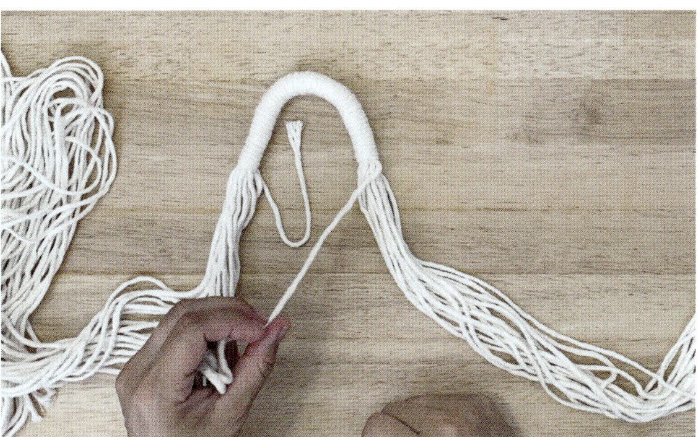

6 • Entfernen Sie die Markierung, und biegen Sie den Fadenstrang. Knüpfen Sie einen neuen Abbindeknoten mit den losen Fadenenden des ersten Knotens. Der kürzere Faden bildet das U, der längere wird um alle Fäden gewickelt.

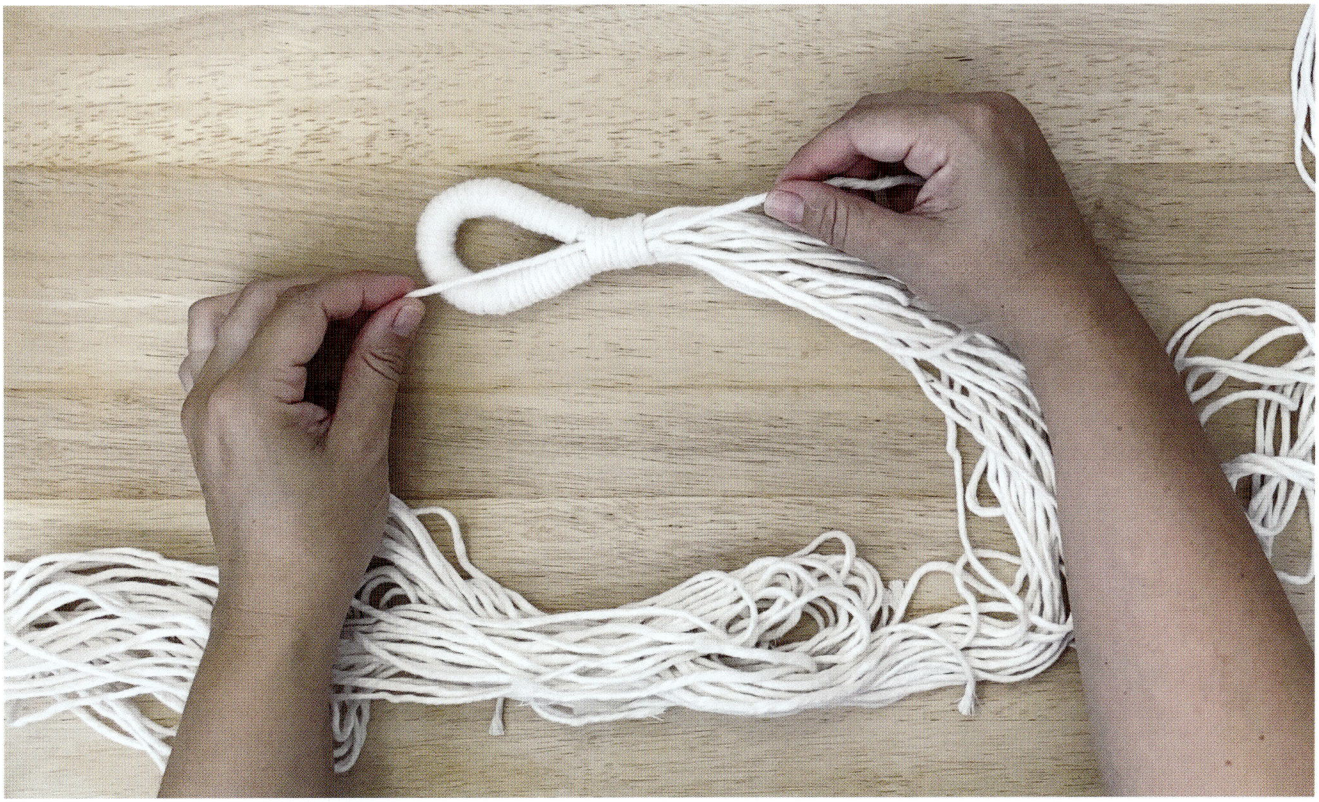

7 • Fixieren Sie den Knoten wie oben beschrieben. Die Aufhängung der Blumenampel ist nun fertig. Die überstehenden Fadenenden können Sie abschneiden.

SCHRITT 2 Ein versetztes Kreuzknotenmuster (VKK) knüpfen

Mit dieser Technik knüpfen Sie die drei Stränge der Blumenampel. Das VKK wird in Reihen von links nach rechts geknüpft. Sie arbeiten immer mit 4 Fäden, jedoch nie mit denselben, da Sie von jedem Knoten aus der vorherigen Reihe jeweils 2 Fäden nehmen.

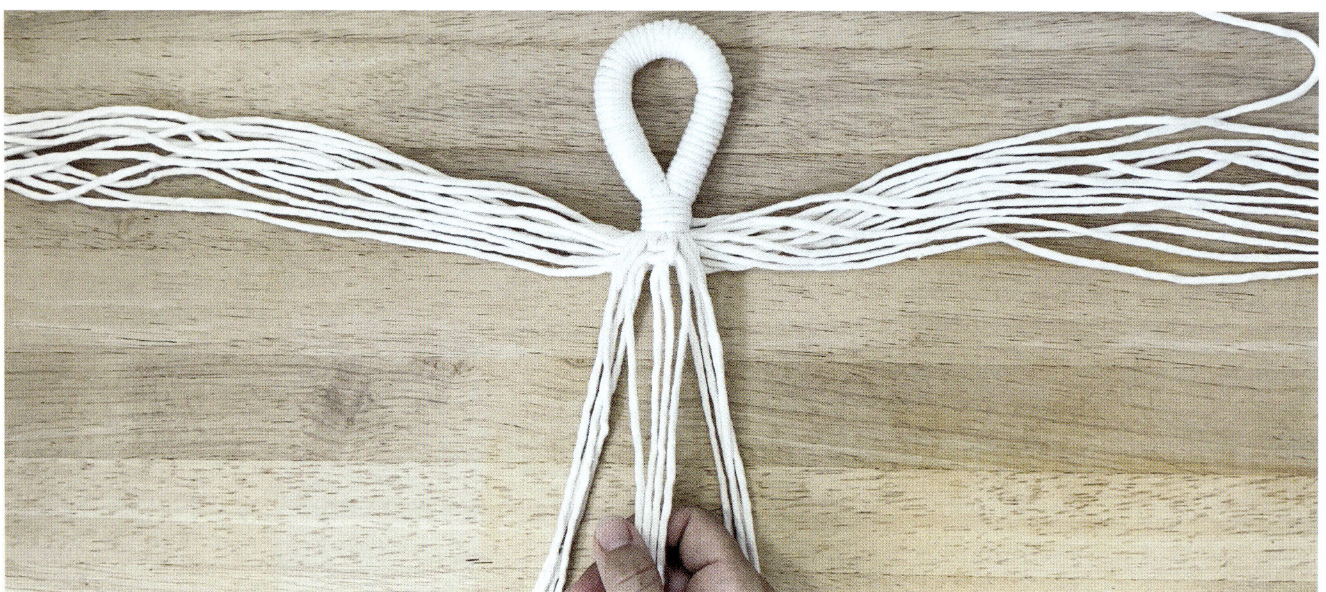

1 • Teilen Sie Ihre Fäden in 3 Stränge mit je 12 Fäden. Knüpfen Sie in der Mitte eines Strangs einen KK mit den 4 Mittelfäden. Dieser bildet Ihre Reihe 1.

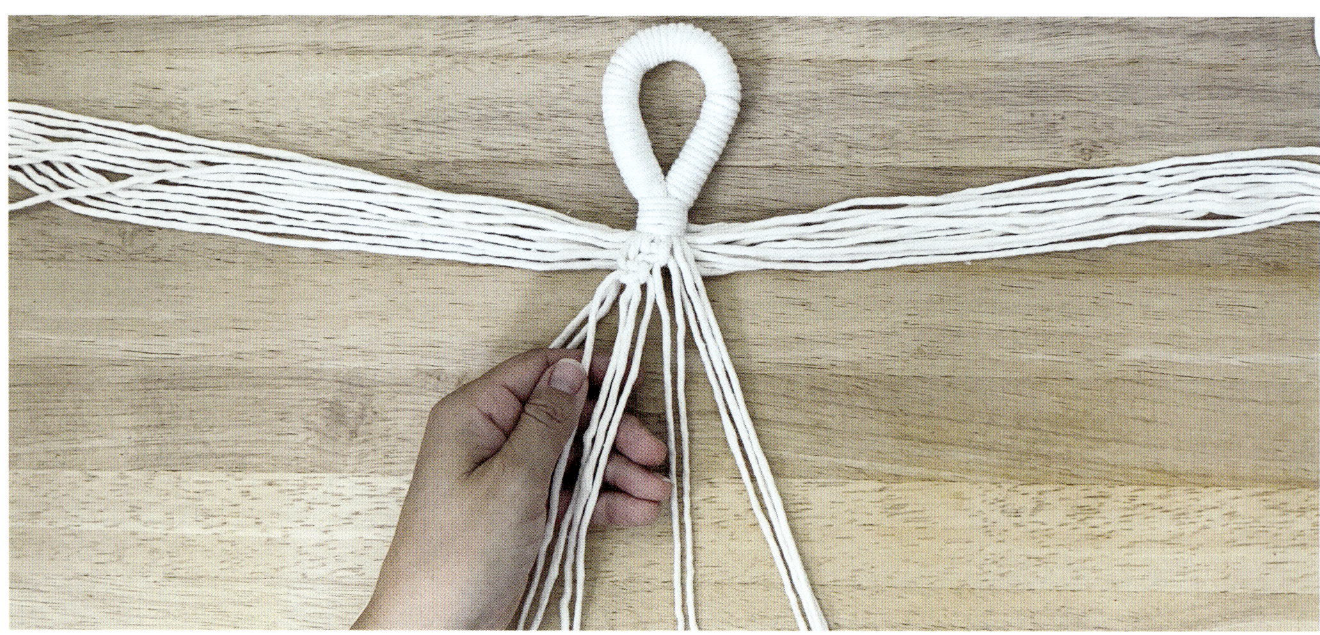

2 • Knüpfen Sie darunter in Reihe 2 einen KK mit den beiden linken Fäden Ihres ersten KK und 2 neuen unverknüpften Fäden von der linken Seite des Strangs.

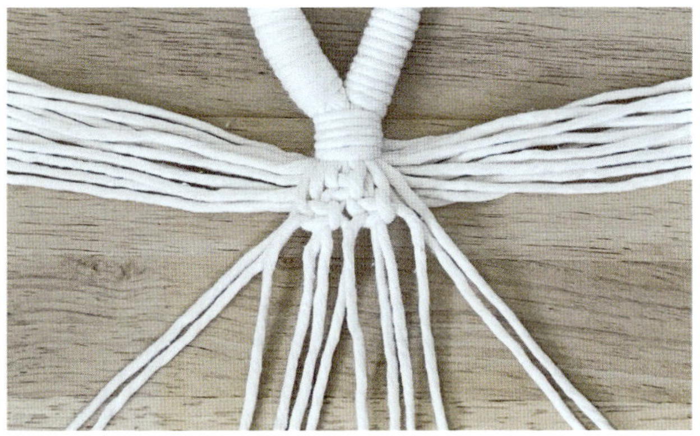

3 • Wiederholen Sie dies für einen zweiten KK auf der rechten Seite.

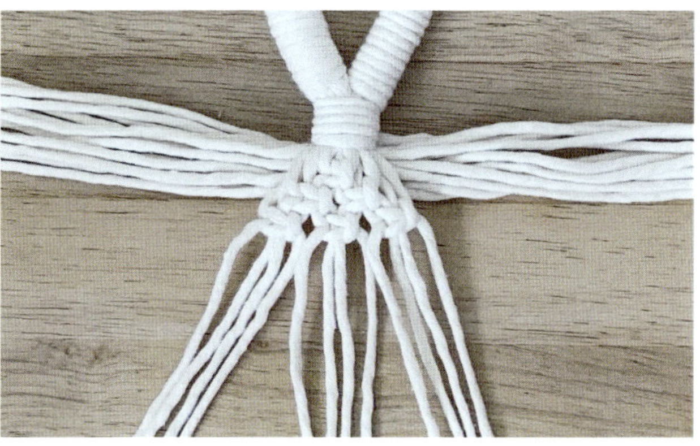

4 • In Reihe 3 knüpfen Sie 3 KK mit allen 12 Fäden.

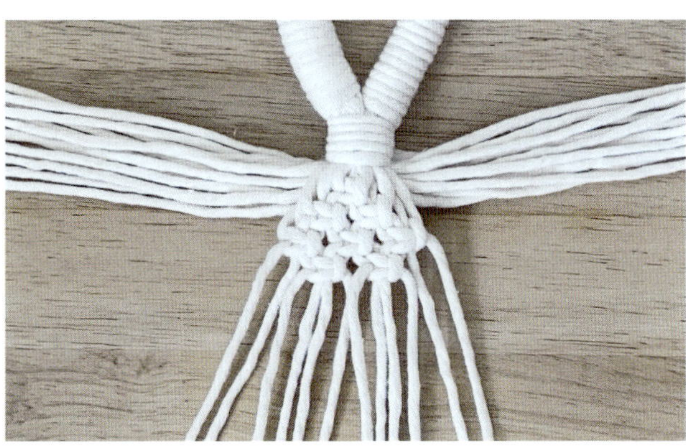

5 • In Reihe 4 knüpfen Sie nur 2 KK. Die 2 Fäden ganz links und ganz rechts werden hierbei nicht verwendet.

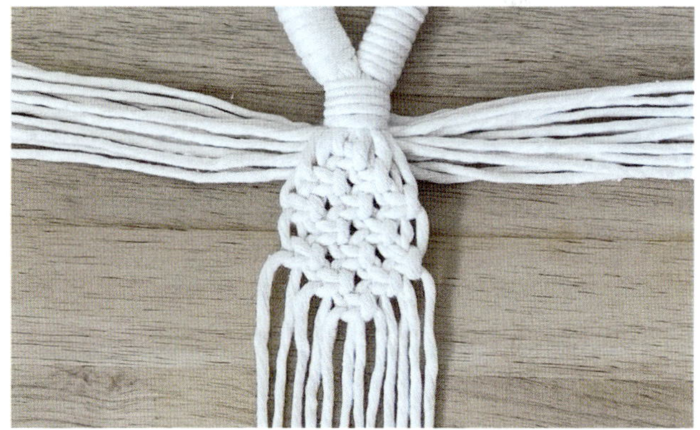

6 • In Reihe 5 knüpfen Sie wieder 3 KK wie schon in Reihe 3. In Reihe 6 knüpfen Sie 2 KK wie schon in Reihe 4. In Reihe 7 knüpfen Sie nur einen KK mit den 4 Mittelfäden. Dieser bildet den Abschluss des Musters. Wiederholen Sie das Muster insgesamt 7-mal, beginnen Sie dabei jedes neue Muster wie in Reihe 2 (Schritt 2, Abbildung 2).

SCHRITT 3

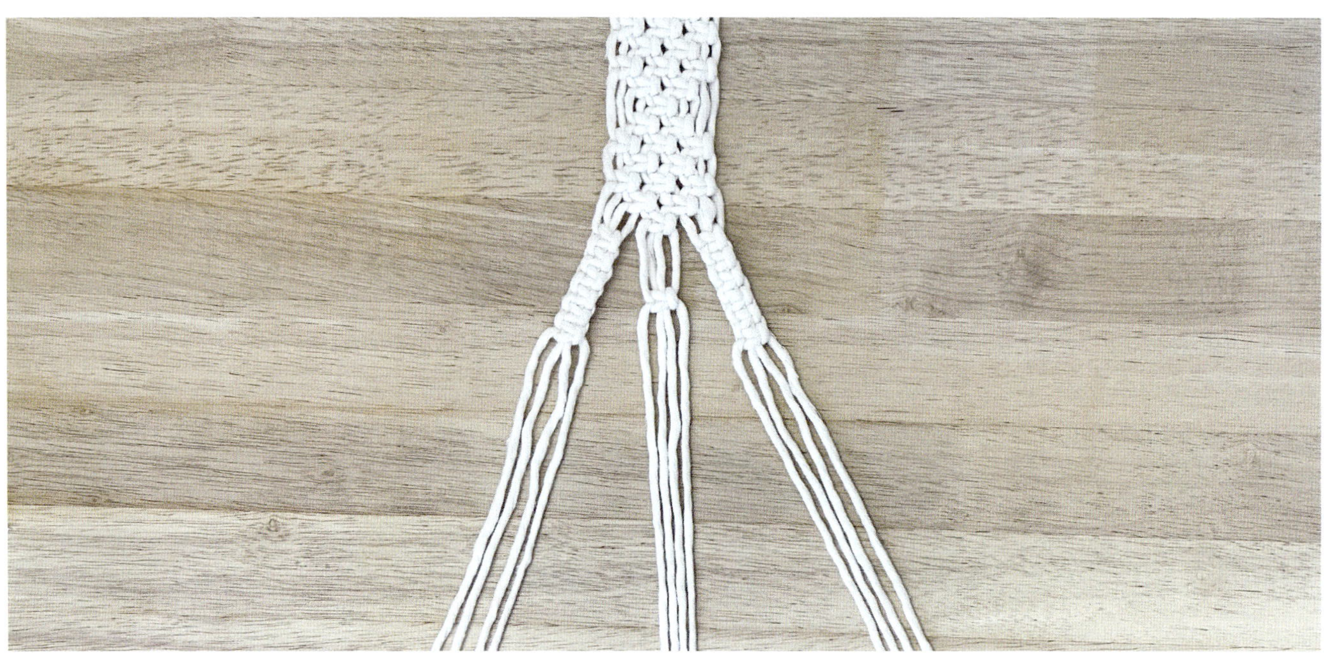

Lassen Sie 1 cm Abstand und verlängern Sie jeden Strang, indem Sie mit den 4 Fäden ganz rechts und ganz links jeweils einen Zopf mit 6 KK knüpfen. Knüpfen Sie in der Mitte einen KK mit 3 cm Abstand zum vorherigen.

SCHRITT 4

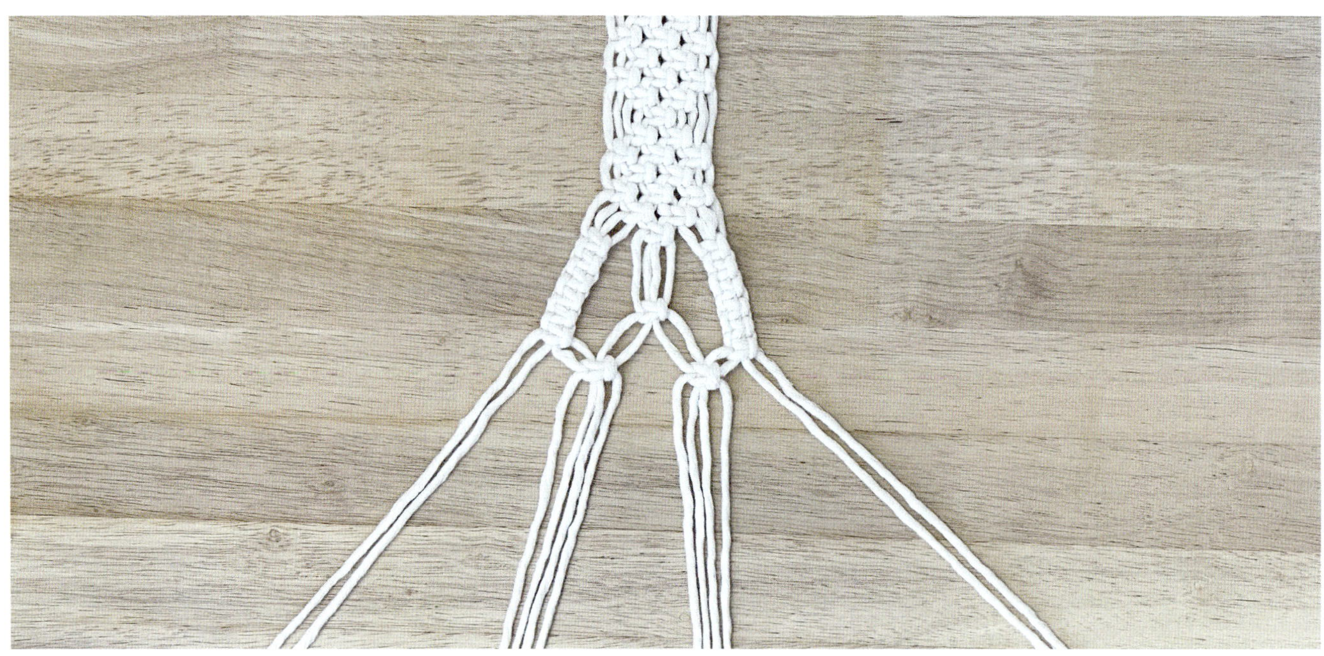

Verbinden Sie die seitlichen Zöpfe mit dem KK in der Mitte, indem Sie jeweils einen KK knüpfen.

SCHRITT 5

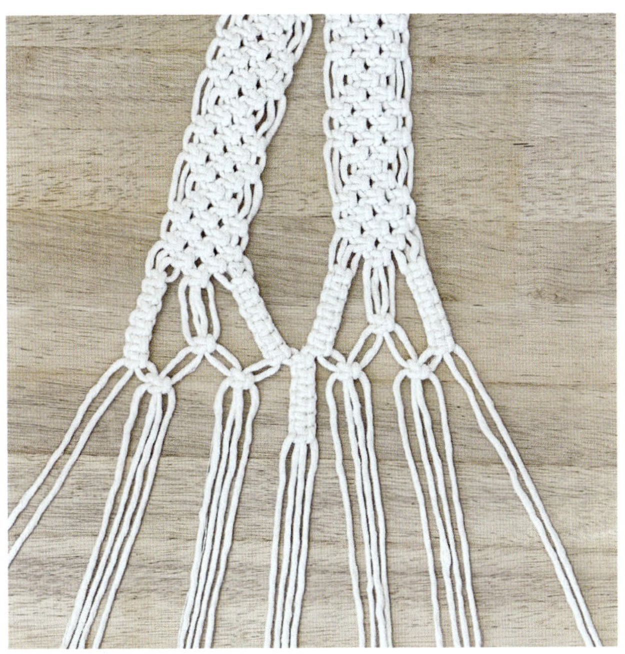

Verbinden Sie jeden Strang mit dem danebenliegenden durch einen Zopf mit 6 KK, für den Sie von jedem Strang jeweils 2 Fäden nehmen.

Tipp

Der Vorteil, wenn man sich seine eigene Blumenampel herstellt: Man kann sie an die Form und Größe seines Lieblingstopfes anpassen. Bevor Sie Ihre Blumenampel komplett fertigstellen, sollten Sie sie ausprobieren und die Anzahl der KK des letzten Zopfes anpassen.

SCHRITT 6

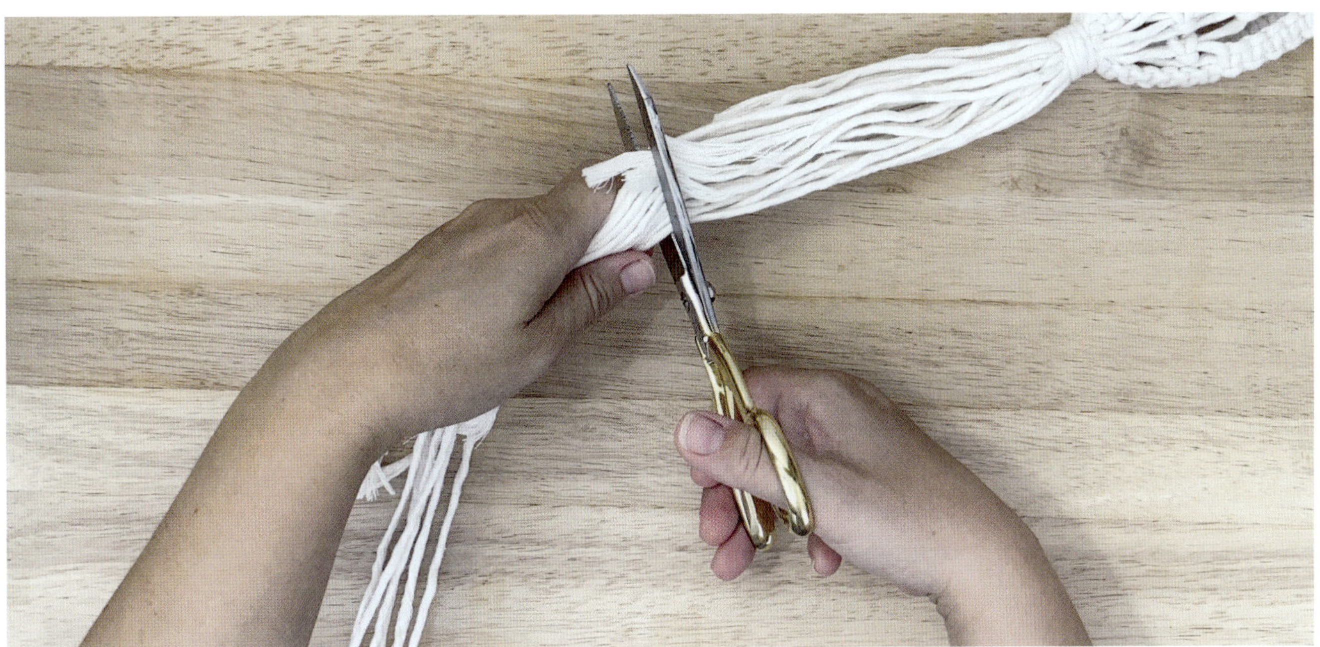

Wenn Sie die gewünschte Länge erreicht haben, binden Sie mit einem neuen 80 cm langen Faden einen Abbindeknoten. Schneiden Sie die Fransen auf eine Länge von 20 cm zurück. Damit diese wie ein weicher Pompon aussehen, bürsten Sie die Enden aus.

Bindegürtel

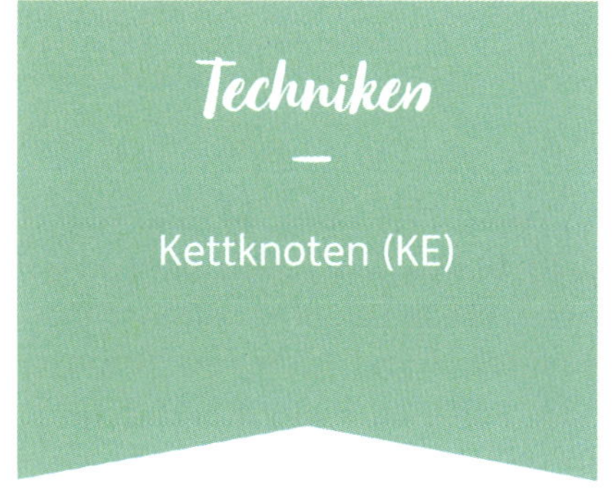

Für diesen hübschen Gürtel lernen Sie, ein Band aus Kettknoten zu knüpfen. Im Gegensatz zum Kreuzknoten arbeiten Sie hierzu praktischerweise mit nur zwei Fäden. Diese neue Knüpftechnik lässt sich schnell erlernen und wird Ihnen bestimmt gefallen!

Materialien

- 28 m gekämmtes, geflochtenes oder gezwirntes Garn (Stärke: 5 mm) für die Größe 38–40 und 32 m für die Größe 42–44
- Glatter Holzstab, 30 cm lang (Holzlöffelstiel)
- Schere
- Maßband

Knüpfposition und Zeitaufwand

Sie arbeiten mit hängenden Fäden, wobei der Holzstab, an dem die Fäden befestigt werden, ebenfalls aufgehängt wird. Rechnen Sie mit etwa 2 Stunden Arbeitszeit.

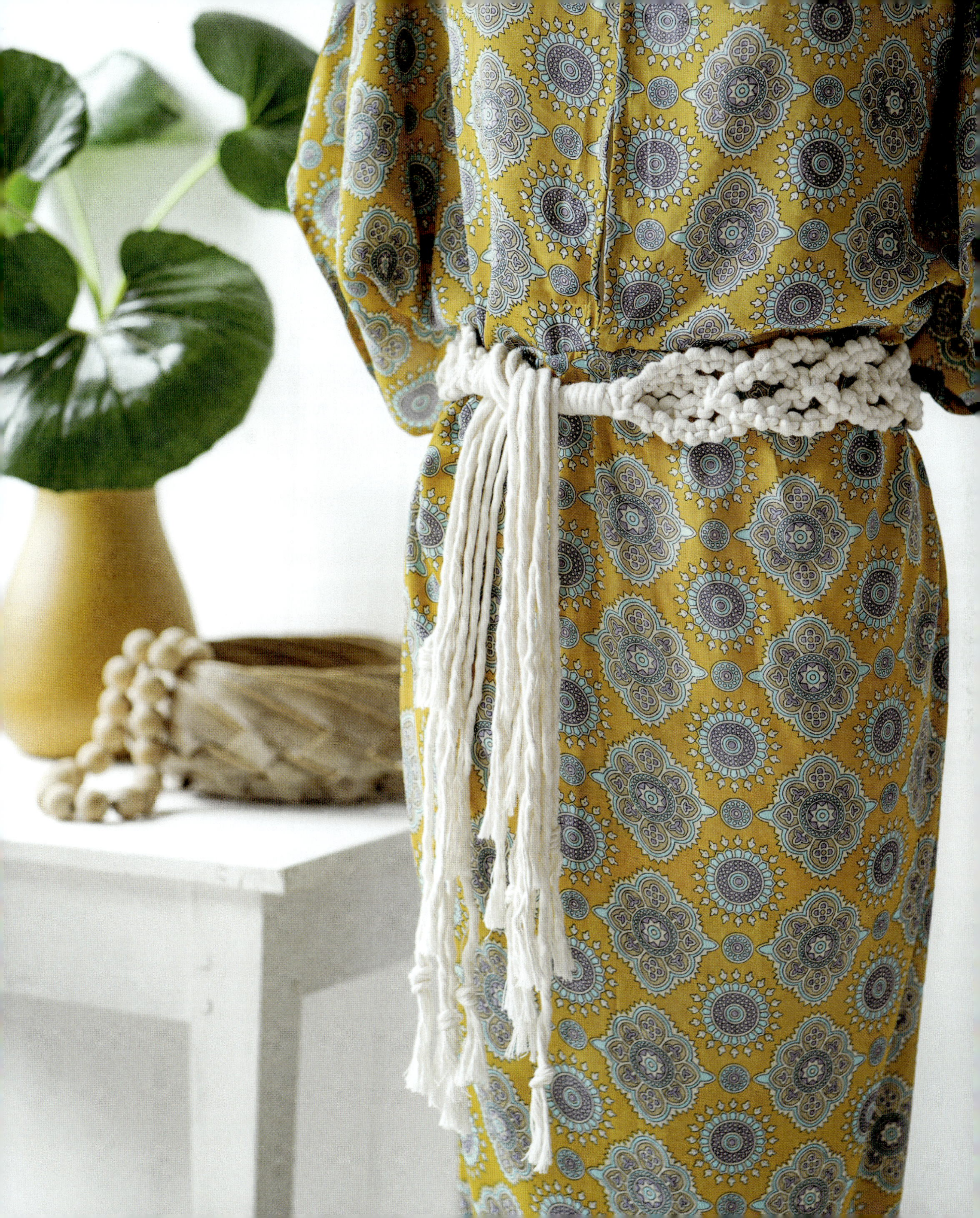

SCHRITT 1

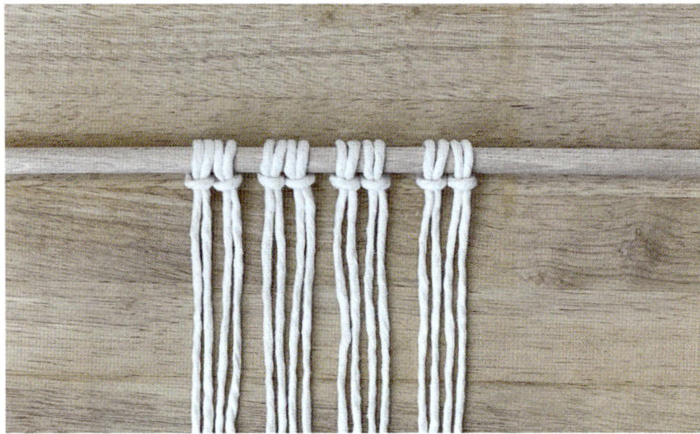

Der Gürtel wird in 2 Hälften gearbeitet, wobei Sie in der Mitte beginnen. Schneiden Sie 8 Fäden à 3,5 m (Größe 38–40) bzw. à 4 m (Größe 42–44) zu. Befestigen Sie die Fäden mithilfe eines LKK am Holzstab.

SCHRITT 2

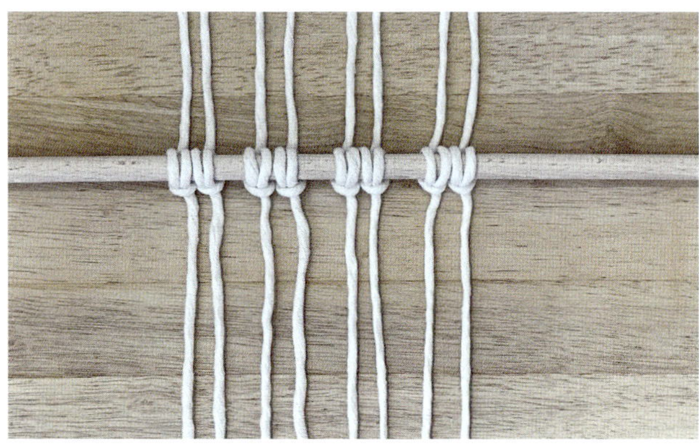

Legen Sie die Fäden abwechselnd zu beiden Seiten des Holzstabs ab. Zunächst arbeiten Sie nur mit der Hälfte der Fäden (auf diesem Foto sind das die Fäden unterhalb des Holzstabs). Binden Sie die anderen zusammen, damit sie nicht stören.

SCHRITT 3 *Einen Kettknoten (KE) knüpfen*

Der Kettknoten wird mit 2 Fäden geknüpft.

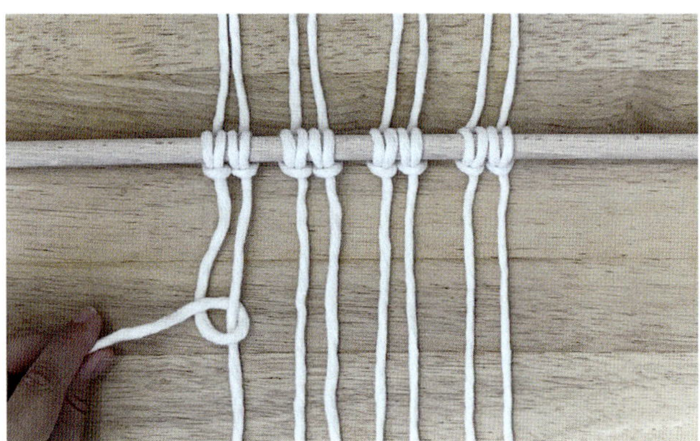

1 • Führen Sie den linken Faden um den rechten Faden und ziehen Sie die Schlaufe fest. Den rechten Faden sollten Sie dabei straff halten. Das ist der sogenannte halbe Schlag.

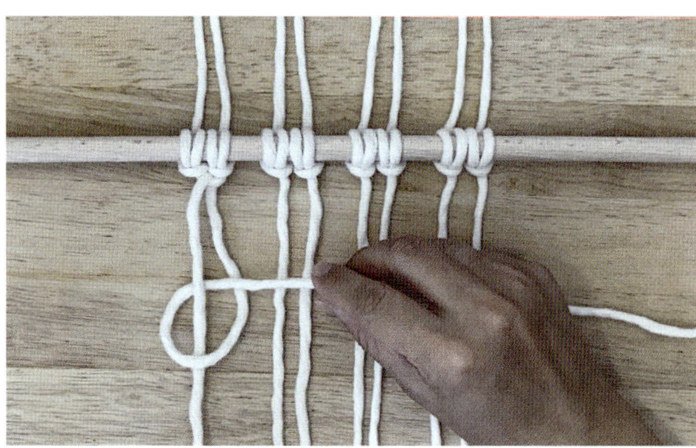

2 • Anschließend wiederholen Sie das Gleiche noch einmal spiegelverkehrt. Ein Kettknoten besteht aus 2 halben Schlägen.

SCHRITT 4

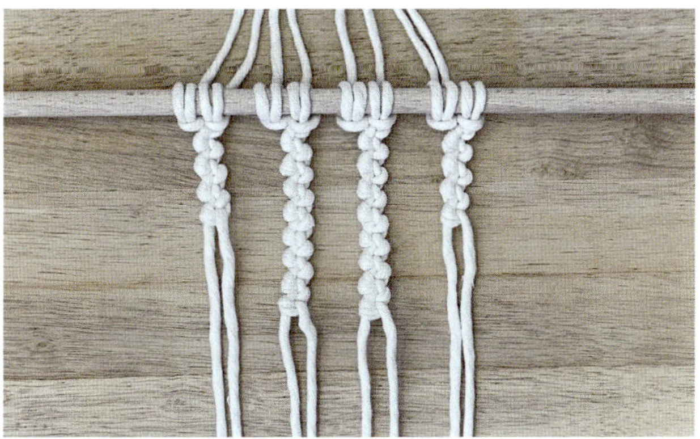

Knüpfen Sie rechts und links jeweils ein Band aus 4 KE und mit den mittleren Strängen zwei Bänder aus 8 KE.

SCHRITT 5

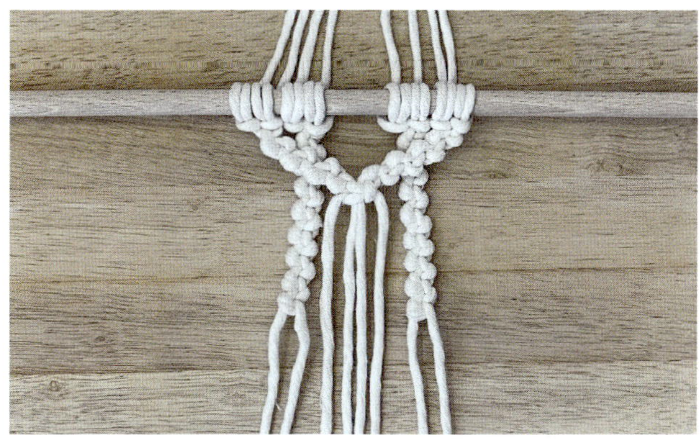

Verbinden Sie das rechte und linke Band mit einem KK, indem Sie sie über die beiden mittleren Bänder führen.

SCHRITT 6

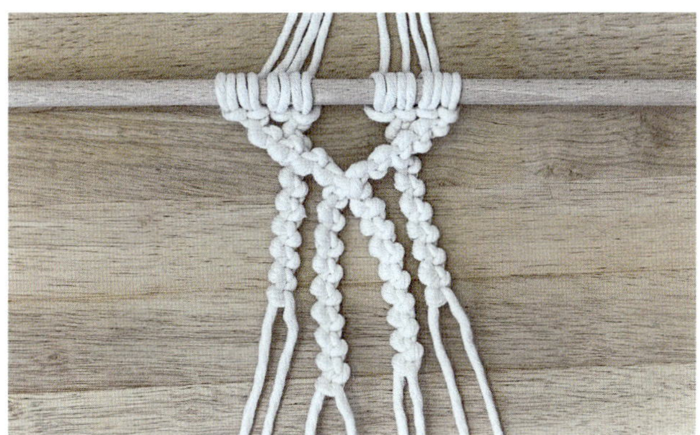

Knüpfen Sie 2 weitere Bänder aus 8 KE mit den Fäden des KK.

SCHRITT 7

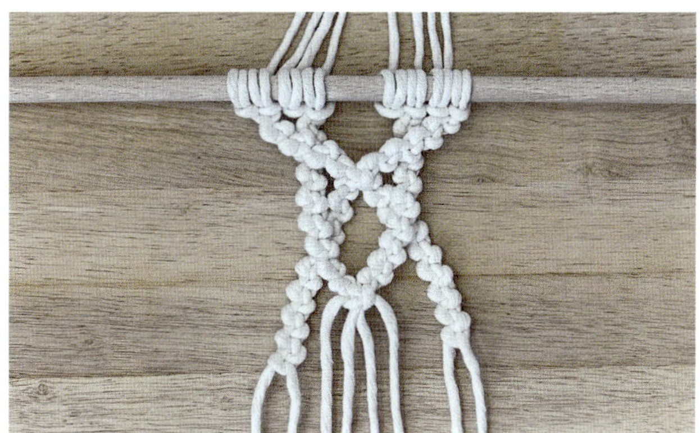

Verbinden Sie die beiden äußeren Stränge mit einem KK, indem Sie sie über die beiden mittleren Stränge führen. Das erste Muster ist fertiggestellt.

SCHRITT 8

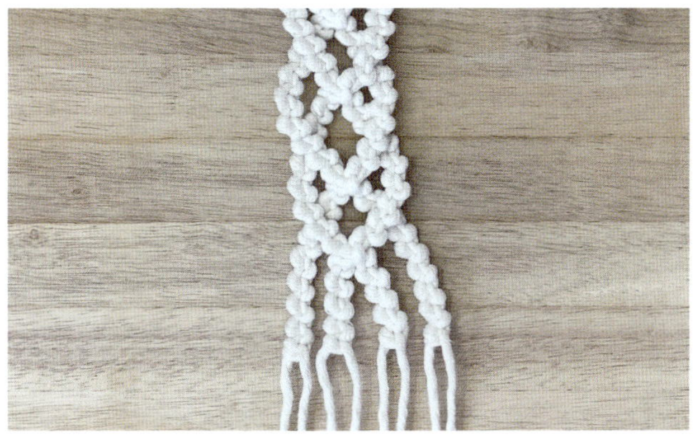

Wiederholen Sie dieses Muster noch 6-mal, und schließen Sie mit nur 4 KE auf den letzten beiden mittleren Strängen ab.

SCHRITT 9

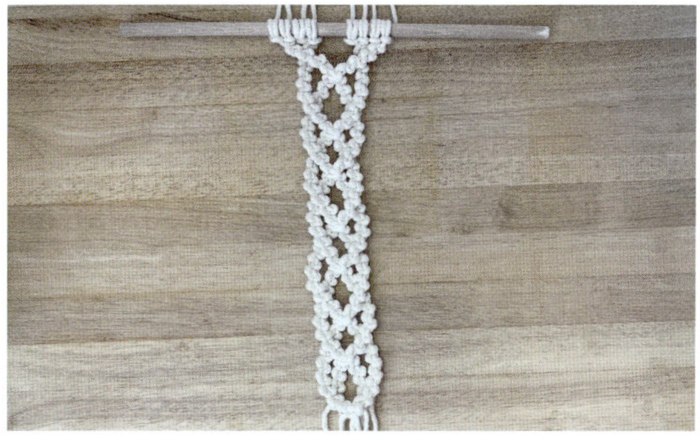

Verbinden Sie die beiden äußeren Stränge mit einem letzten KK, um die Serie aus 7 Mustern fertigzustellen.

SCHRITT 10

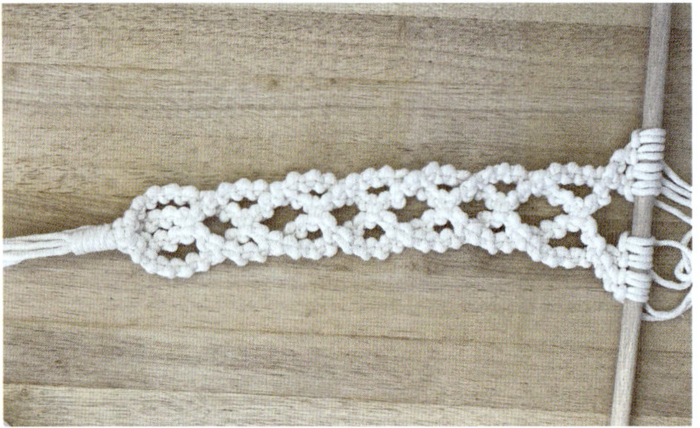

Binden Sie alle Fäden mit einem Abbindeknoten zusammen. Hierzu nehmen Sie 2 Fäden aus Ihrem Strang, wie bei der Blumenampel (siehe Schritt 6 auf Seite 19). Die erste Hälfte des Gürtels ist fertig.

SCHRITT 11

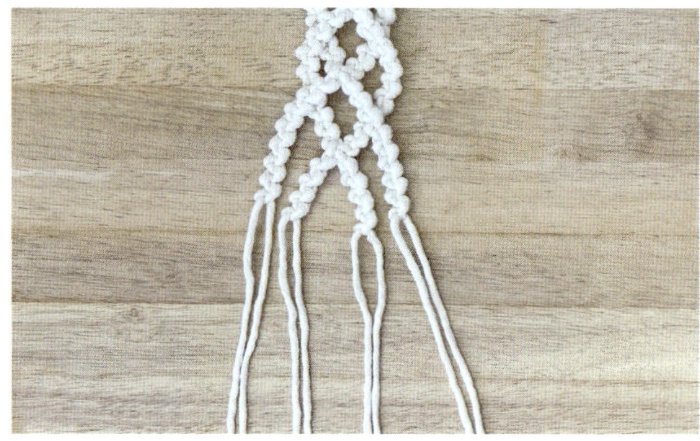

Entfernen Sie den Holzstab, und legen Sie die Fäden locker vor sich, um an der zweiten Gürtelhälfte zu arbeiten.

SCHRITT 12

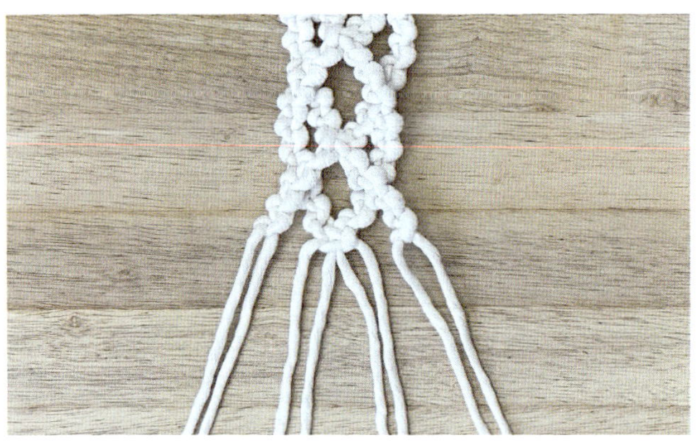

Verbinden Sie den rechten und den linken Strang mit einem KK, indem Sie sie unter den beiden mittleren Strängen hindurchführen.

SCHRITT 13

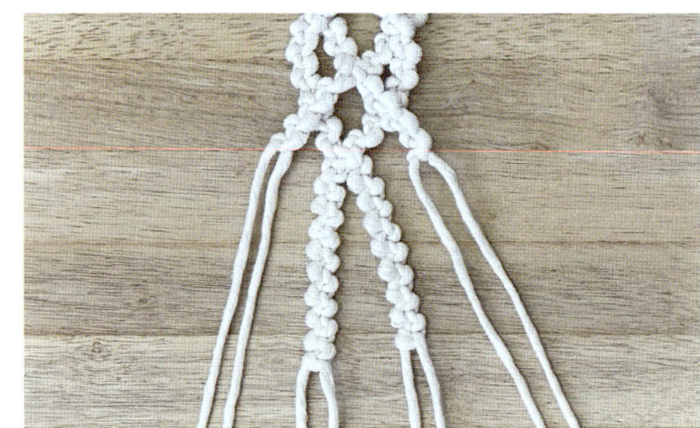

Knüpfen Sie unterhalb des KK 2 Stränge aus 8 KE.

SCHRITT 14

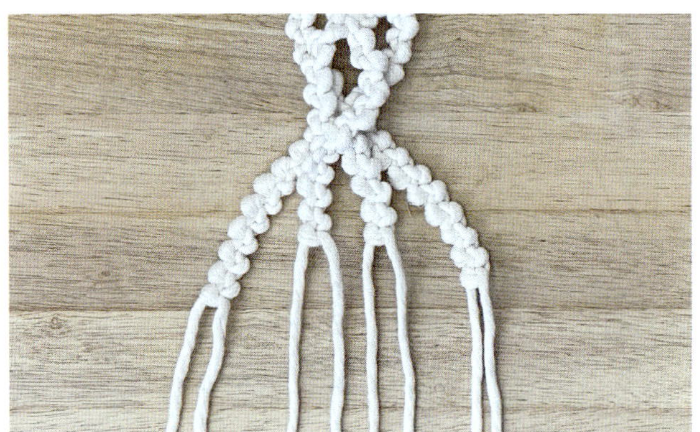

Verbinden Sie die beiden kürzeren Stränge mit einem KK und knüpfen Sie 2 Stränge aus 4 KE.

SCHRITT 15

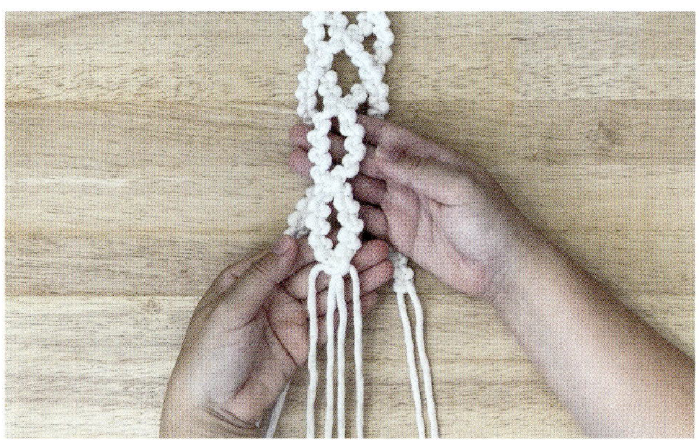

Verbinden Sie die 2 kürzeren Stränge mit einem KK, und arbeiten Sie weiter, indem Sie unterhalb des KK 2 Stränge aus je 8 KE knüpfen.

SCHRITT 16

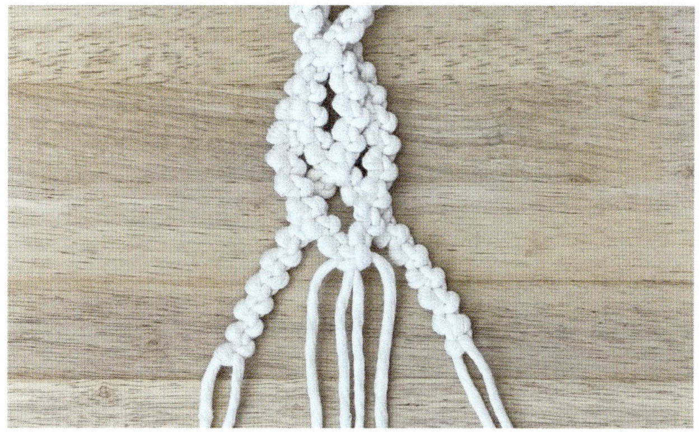

Verbinden Sie den rechten und den linken Strang mit einem KK in der Mitte, indem Sie sie über die mittleren Stränge führen. Fahren Sie fort, bis Sie das gespiegelte Muster der ersten Gürtelhälfte 7-mal geknüpft haben.

SCHRITT 17

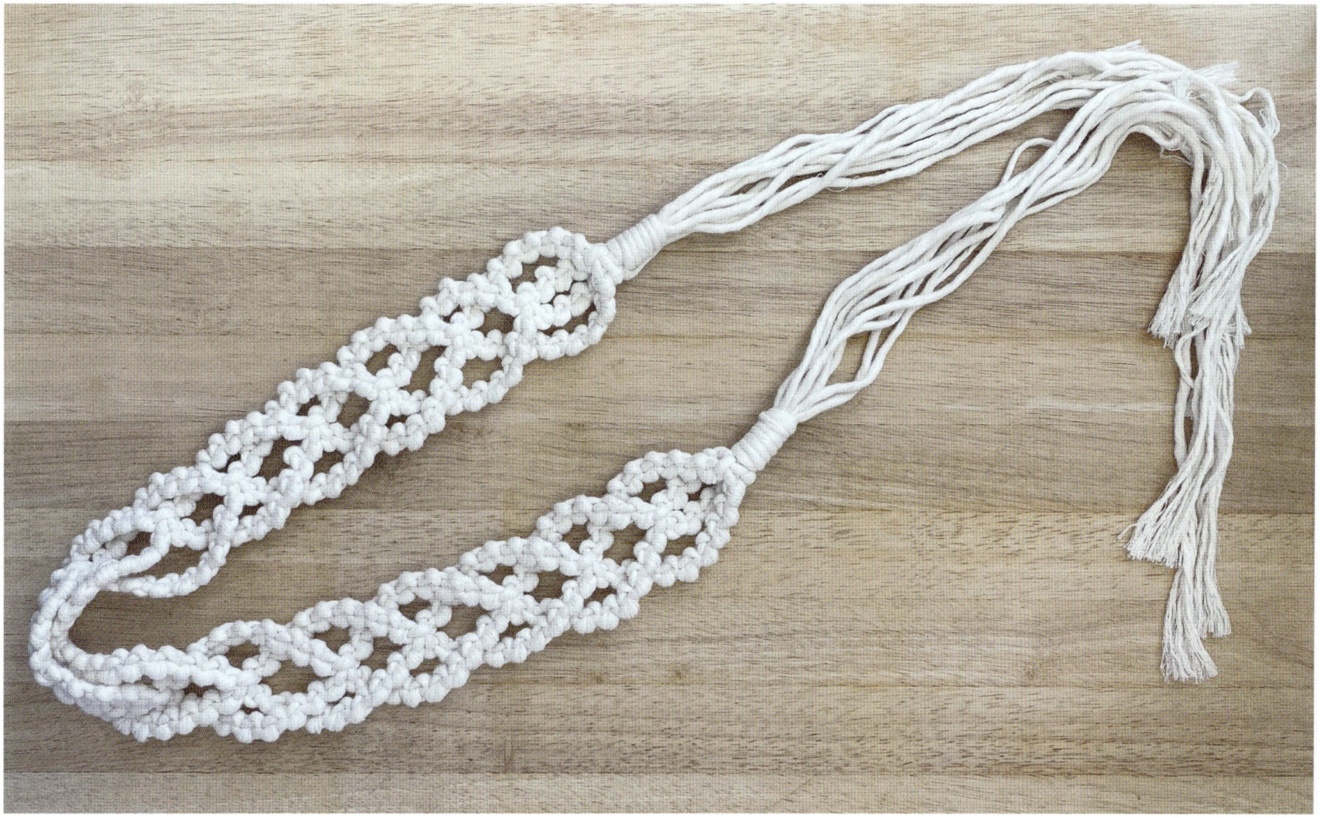

Den Gürtel mit einem Abbindeknoten abschließen. Wenn Sie möchten, können Sie die Fransen am Ende jedes Fadens noch mit kleinen einfachen Knoten versehen. Das verhindert, dass die Fäden ausfransen.

Boho-Wandbehang

Techniken

Rippenknoten (RK)
Halbknotenspirale

Der Wandbehang ist *das* Wohndekor-Element schlechthin und besteht aus den drei wichtigsten Makramee-Knoten. Wenn Sie dieses Stück fertigen, haben Sie die wesentlichen Grundlagen des Makramee gemeistert.

Materialien

- 40 m gekämmtes oder gezwirntes Garn (Stärke: 5 mm)
- Holzstab oder Ast (Treibholz), 40–50 cm lang
- Schere
- Maßband
- Bürste mit Metallstiften oder Kamm

Knüpfposition und Zeitaufwand

Sie arbeiten mit hängenden Fäden. Rechnen Sie mit etwa 4 Stunden Arbeitszeit.

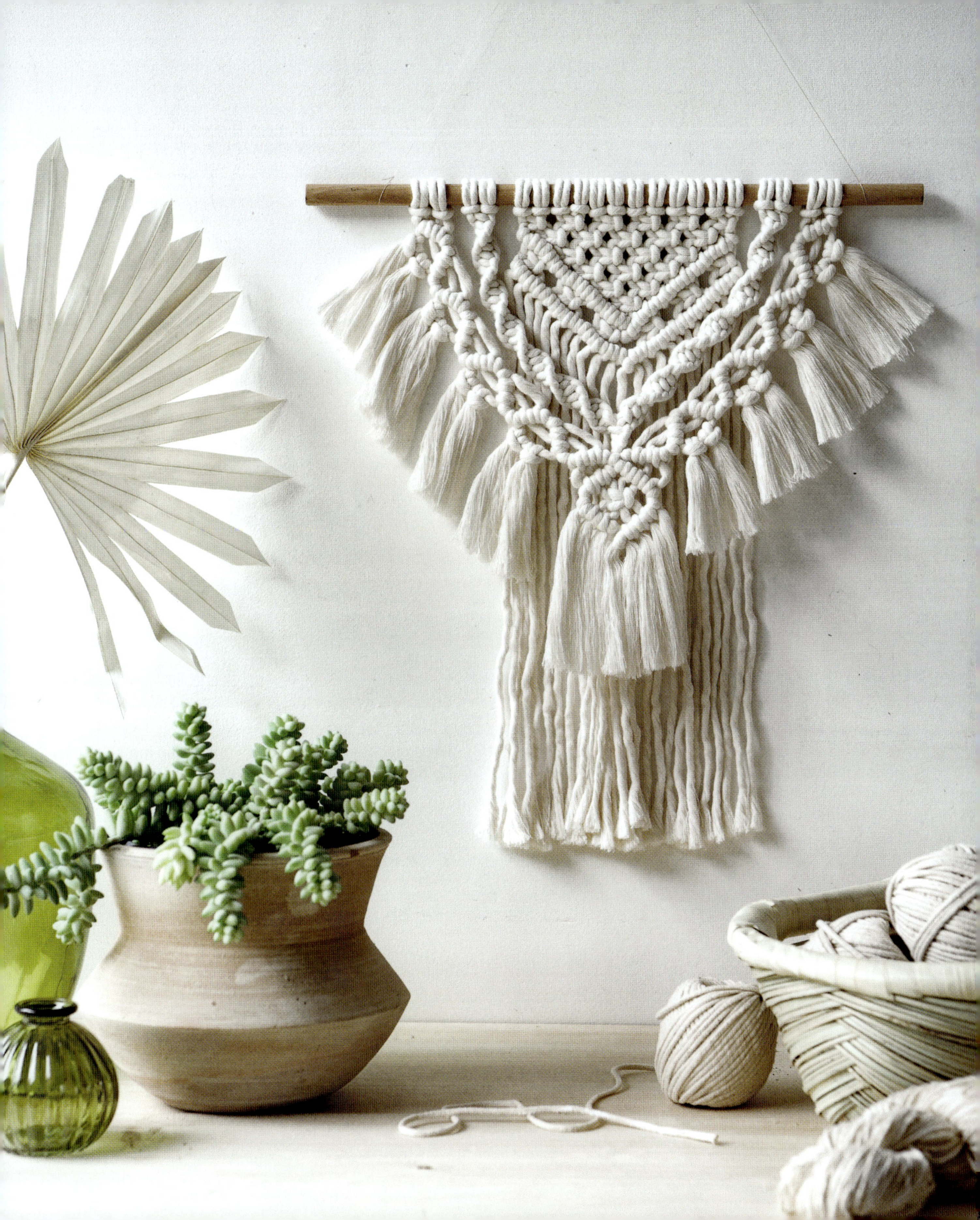

SCHRITT 1

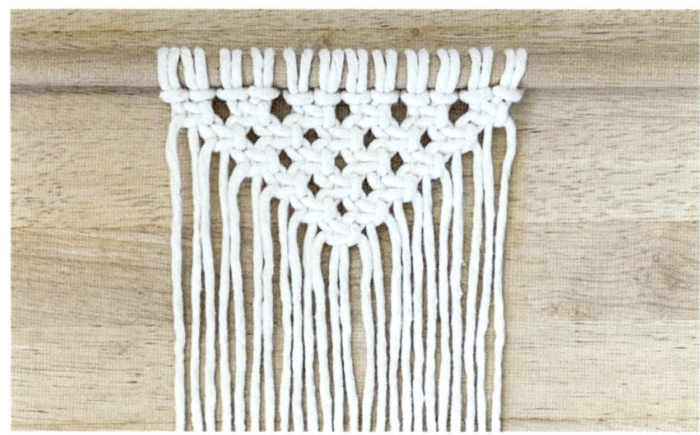

Schneiden Sie 12 Fäden zu, jeweils 1,5 m lang. Befestigen Sie sie an dem Holzstab mit einem LKK. Knüpfen Sie ein VKK, indem Sie in jeder Reihe einen Knoten weniger knüpfen, bis die letzte Reihe nur aus einem KK besteht.

SCHRITT 2 *Einen Rippenknoten (RK) knüpfen*

Dieser Knoten wird hier mit 2 Fäden diagonal von rechts nach links geknotet. Durch das Aneinanderreihen der Knoten, entsteht eine Rippe.

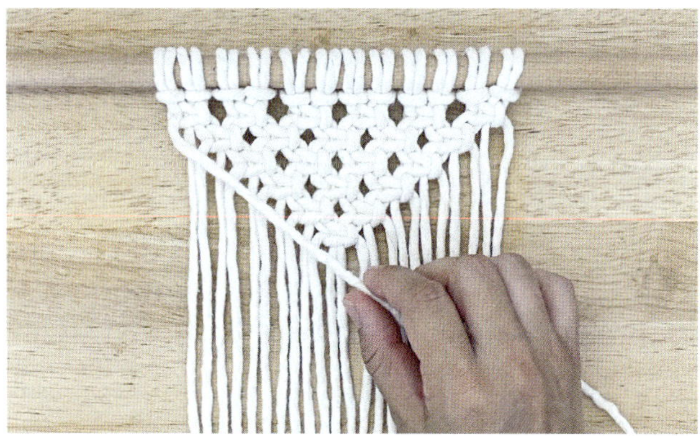

1 • Um einen RK nach rechts zu knüpfen, nehmen Sie den Faden, der ganz links liegt, und führen ihn diagonal über die Fäden nach rechts. Dieser Faden gibt die Richtung der entstehenden Rippe an und ist Ihr Leitfaden, den Sie in der rechten Hand halten.

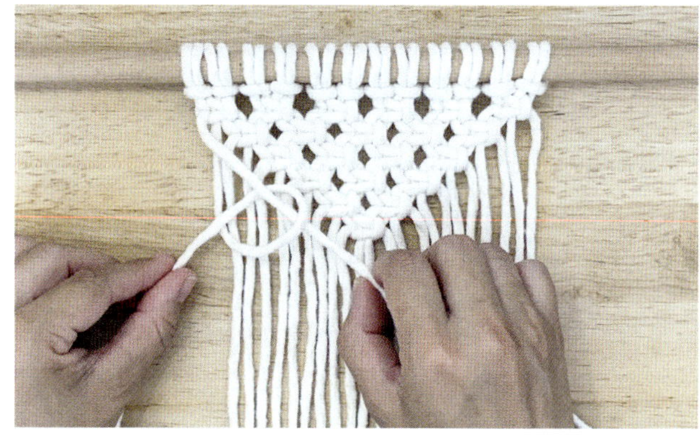

2 • Mit der linken Hand nehmen Sie den ersten Faden rechts vom Leitfaden und legen ihn zu einem halben Schlag um den Leitfaden.

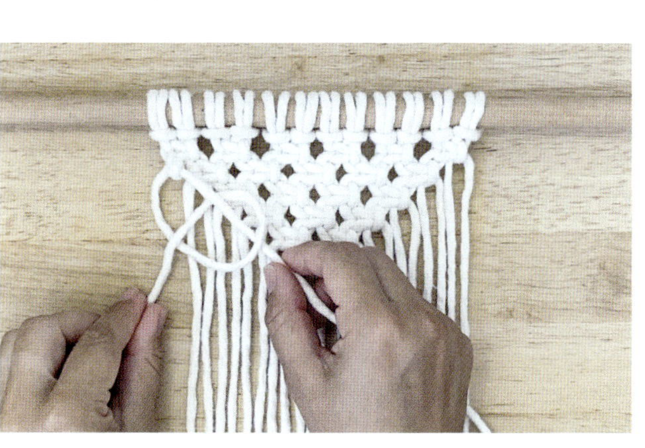

3 • Wiederholen Sie den Knoten, denn der RK besteht aus 2 halben Schlägen.

Tipp

Damit ein RK gelingt, sollten Sie den Leitfaden immer über den Faden legen, der den Knoten bildet, und darauf achten, dass der Leitfaden stets straff gehalten wird.

SCHRITT 3

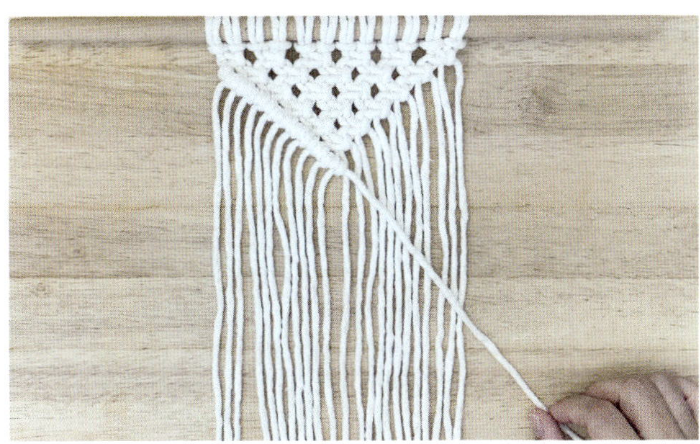

Knüpfen Sie RK nach rechts mit allen Fäden der linken Seite.

SCHRITT 4

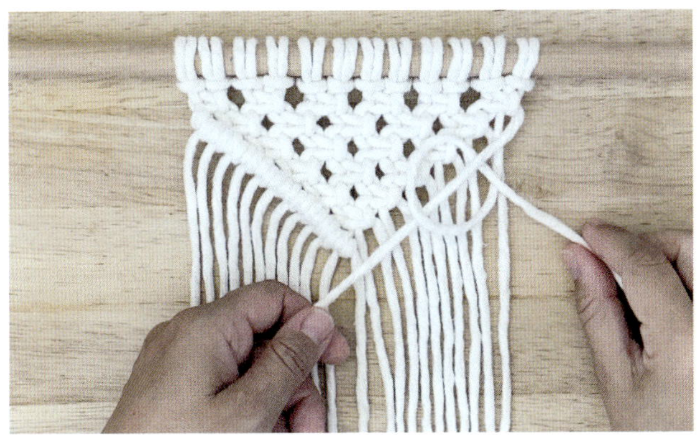

Knüpfen Sie eine Rippe nach links, wobei der ganz rechte Faden Ihr Leitfaden ist.

SCHRITT 5

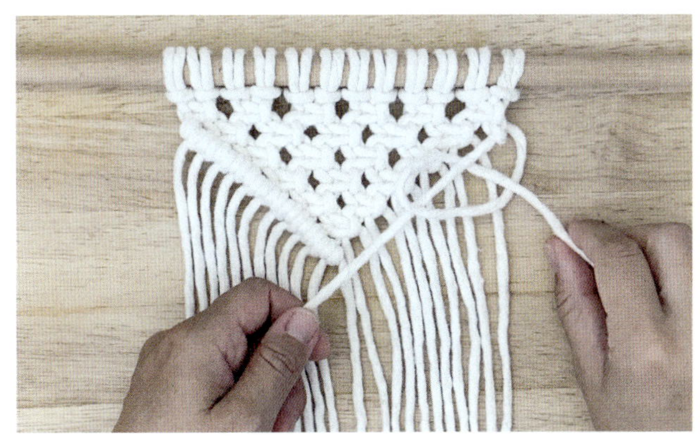

Arbeiten Sie spiegelverkehrt zu den vorherigen RK.

SCHRITT 6

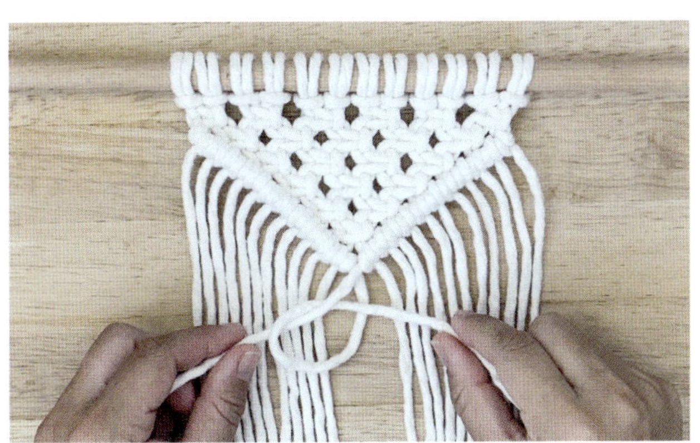

In der Mitte treffen sich die 2 Leitfäden. Knüpfen Sie entweder einen RK nach rechts oder nach links, um die 2 Rippen zu verbinden.

SCHRITT 7

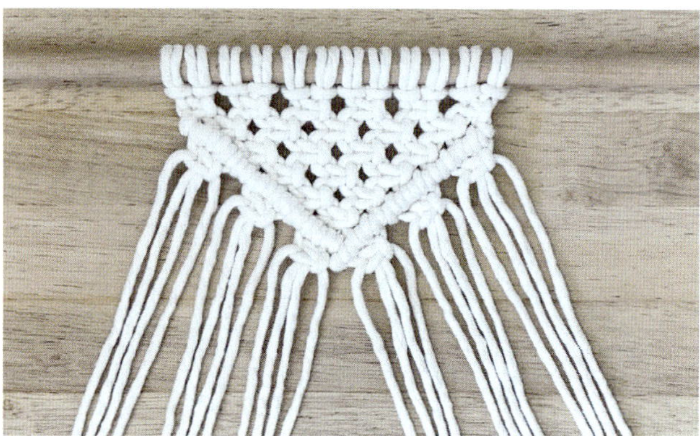

Knüpfen Sie jeweils 3 KK unterhalb der linken und rechten Rippenknotenreihe.

SCHRITT 8

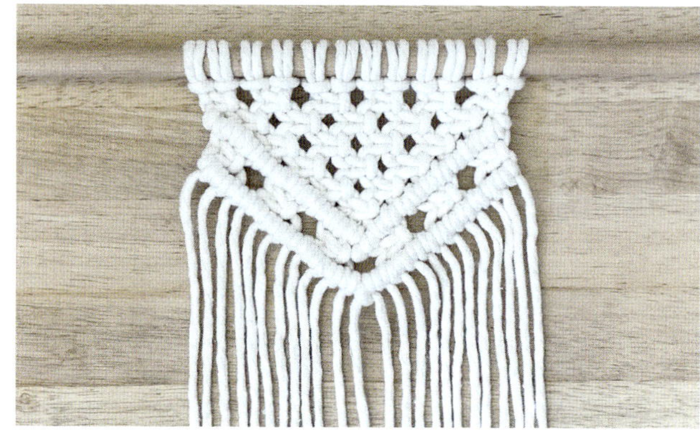

Knüpfen Sie 2 neue Rippenknotenreihen unter den 6 KK.

Schneiden Sie die Fäden 42 cm unterhalb des Holzstabs ab.

SCHRITT 9 *Eine Halbknotenspirale knüpfen*

Die Halbknotenspirale ist eine Abwandlung des Kreuzknotens, der hier nur halb gearbeitet wird.

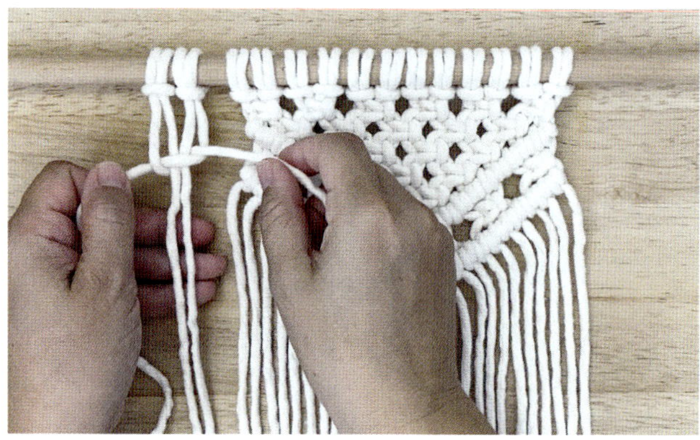

1 • Nehmen Sie einen 2,4 m langen und einen 2 m langen Faden. Befestigen Sie diese (egal in welcher Reihenfolge) mit einem LKK am Holzstab. Die 2 mittleren Fäden müssen 55 cm lang sein. Knüpfen Sie 1 halben KK (siehe Seite 11, Schritt 3).

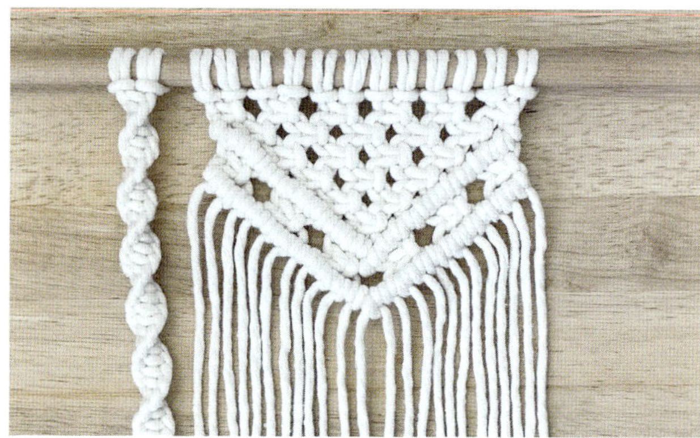

2 • Wiederholen Sie diesen Knüpfvorgang, wobei Sie immer auf derselben Seite beginnen. So entsteht ganz von alleine eine Spirale. Die Drehung entsteht, indem Sie mit wechselnden Knüpffäden arbeiten, dabei jedoch immer auf derselben Seite beginnen. Knüpfen Sie weiter, bis die Spirale eine Länge von 17 cm erreicht hat.

SCHRITT 10

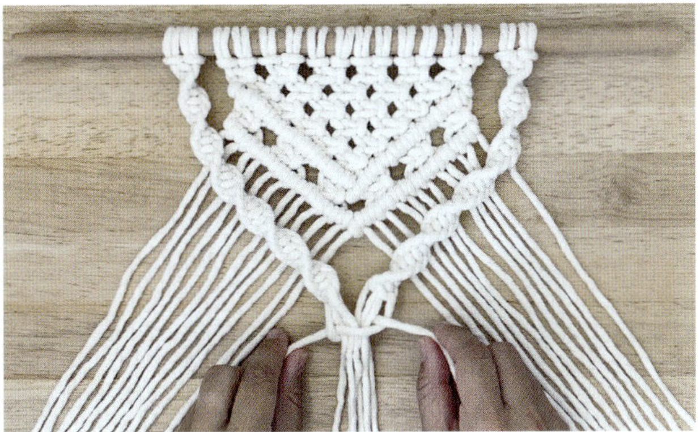

Knüpfen Sie auf der rechten Seite eine weitere Spirale mit zwei neuen Fäden. Verbinden Sie die 2 Spiralen mit einer weiteren Spirale aus 8 Fäden in der Mitte. Verwenden Sie die beiden längsten Fäden als Knüpffäden und die restlichen als Füllerfäden.

SCHRITT 11

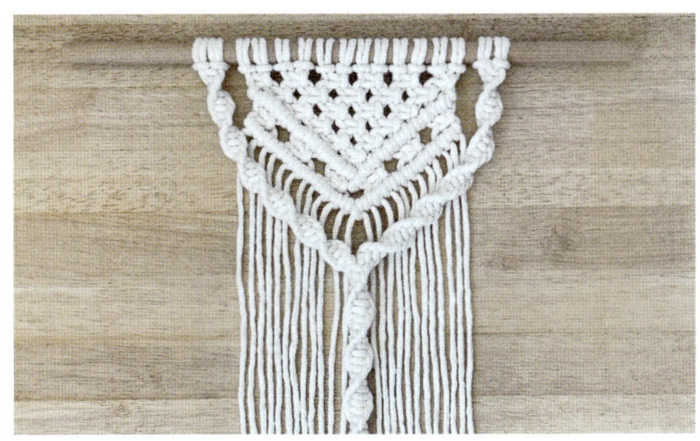

Wenn die Spirale 12 cm lang ist, kürzen Sie die längeren Fäden auf die Länge der restlichen Fäden.

SCHRITT 12

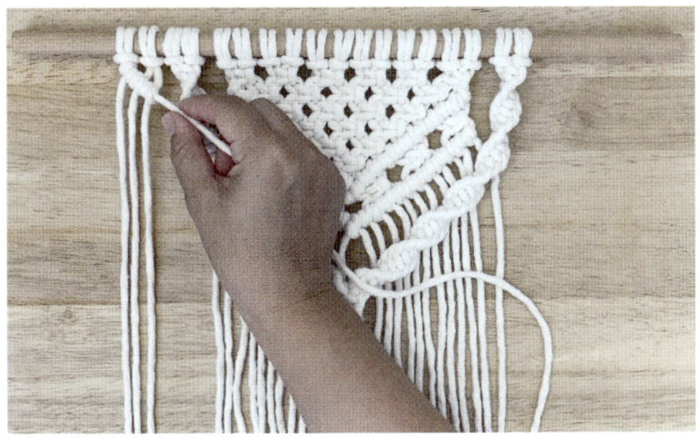

Schneiden Sie 4 Fäden mit einer Länge von 2,2 m zu. Befestigen Sie 2 davon mit LKK links am Holzstab. Knüpfen Sie 3 RK diagonal nach rechts. Der Faden, der ganz links liegt, ist dabei Ihr Leitfaden.

SCHRITT 13

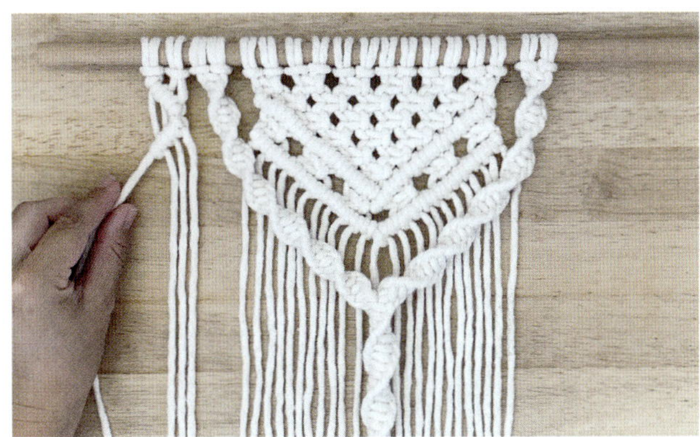

Machen Sie mit dem Leitfaden weiter, und knüpfen 3 RK diagonal nach links. Der Abstand zwischen dem ersten und dem letzten RK links beträgt 3,5 cm.

SCHRITT 14

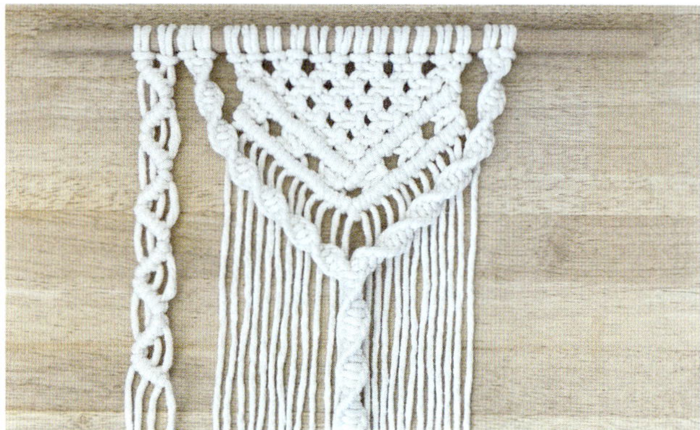

Wiederholen Sie dieses Muster 4-mal und schließen Sie mit 3 RK nach rechts ab. Wiederholen Sie dann die Schritte 12–14 mit 2 weiteren Fäden, die Sie rechts am Holzstab befestigen, wobei Sie diesmal mit 3 RK nach links beginnen und abschließen.

SCHRITT 15

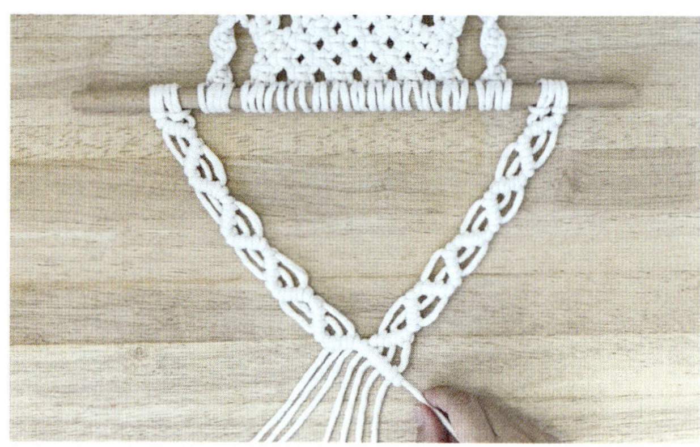

Verbinden Sie die beiden Außenstränge, indem Sie den Leitfaden des linken Strangs nehmen und mit den Fäden des rechten Strangs 4 RK knüpfen.

SCHRITT 16

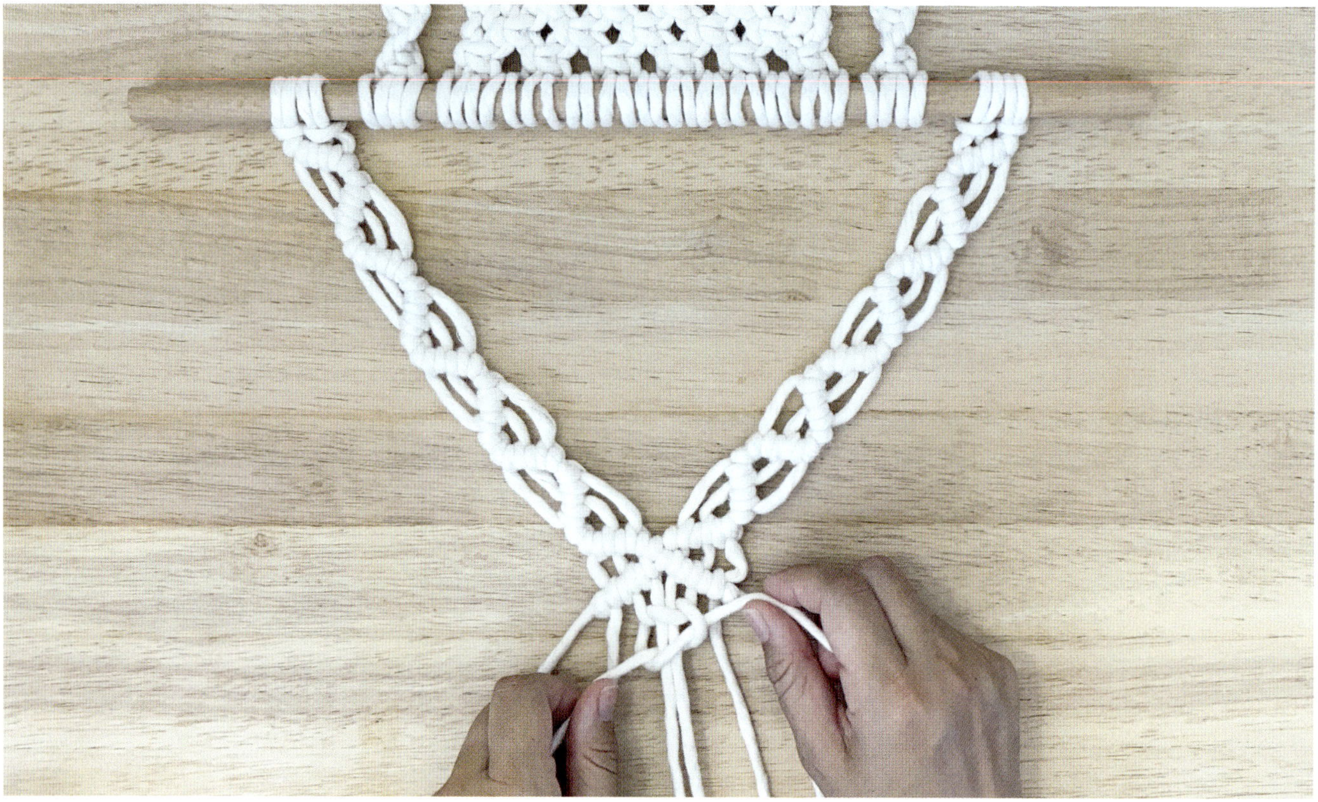

Knüpfen Sie mit dem Leitfaden des rechten Strangs (vierter Faden von links) 3 RK nach links. Knüpfen Sie einen KK mit den 4 Mittelfäden.

SCHRITT 17

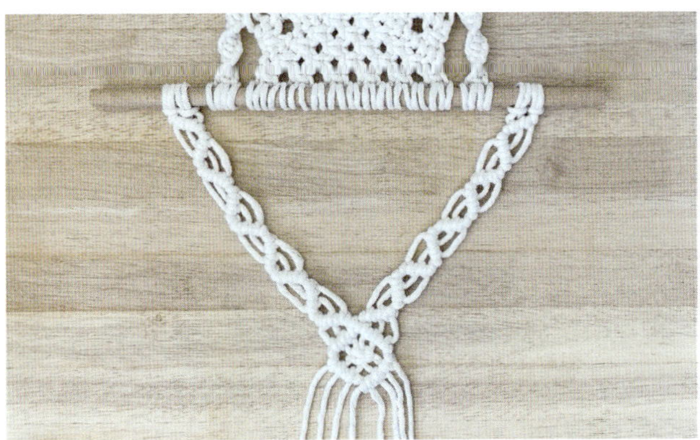

Schließen Sie die Raute: 3 RK nach rechts, wobei der am weitesten links liegende Faden Ihr Leitfaden ist, und 4 RK nach links, wobei der ganz rechte Faden Ihr Leitfaden ist. Schneiden Sie die Fäden mit 8 cm Abstand zum letzten RK ab.

SCHRITT 18

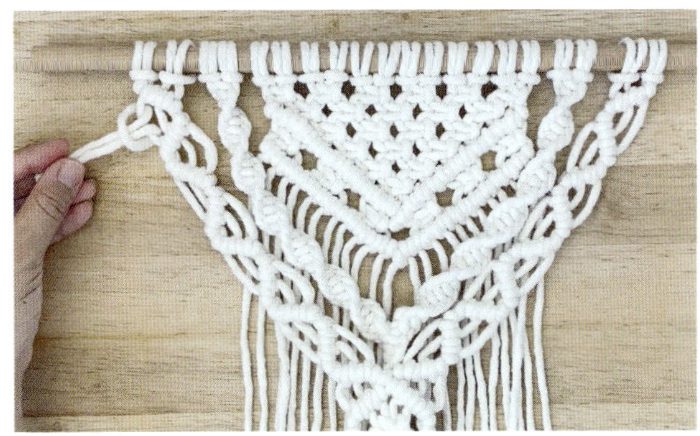

Schneiden Sie 16 Fäden zu, jeweils 22 cm lang. Befestigen Sie sie mit einem LKK an den nicht verknoteten Abschnitten der Außenstränge.

SCHRITT 19

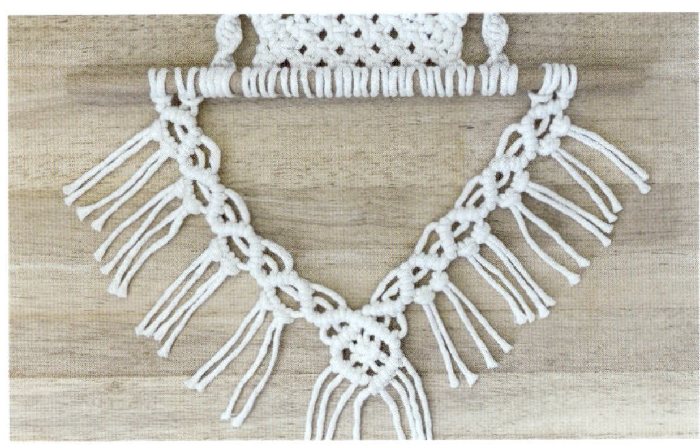

Verwenden Sie jeweils 2 Fäden pro Lücke.

SCHRITT 20

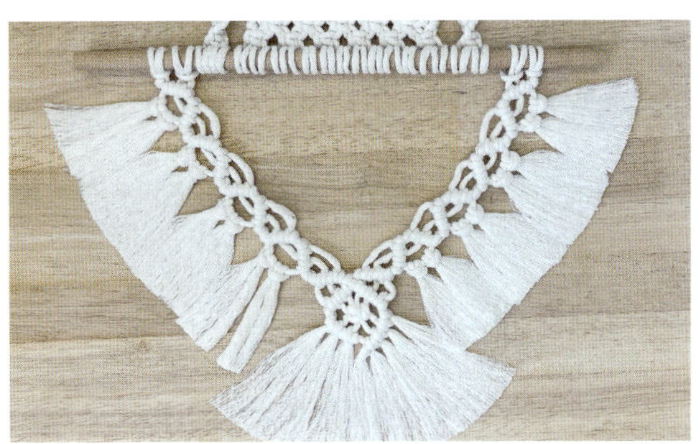

Die Fransen aufbürsten und gleichmäßig kürzen.

Lampenschirm

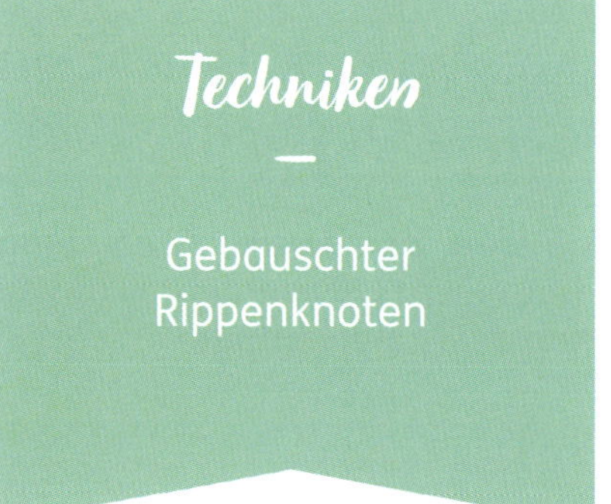

Dieses Modell wird mit den Knoten gearbeitet, die Sie schon kennen: Lerchenkopfknoten, Kreuzknoten und Rippenknoten. Die Qualität des verwendeten Garns ist wichtig, um schöne Fransen zu erhalten.

Materialien

- 50 m gekämmtes Garn (Stärke: 5 mm)
- Lampenschirmring (Durchmesser: 20 cm)
- Schere
- Maßband
- Bürste mit Metallstiften

Knüpfposition und Zeitaufwand

Sie arbeiten mit den am Ring hängenden Fäden. Rechnen Sie mit etwa 3 Stunden Arbeitszeit.

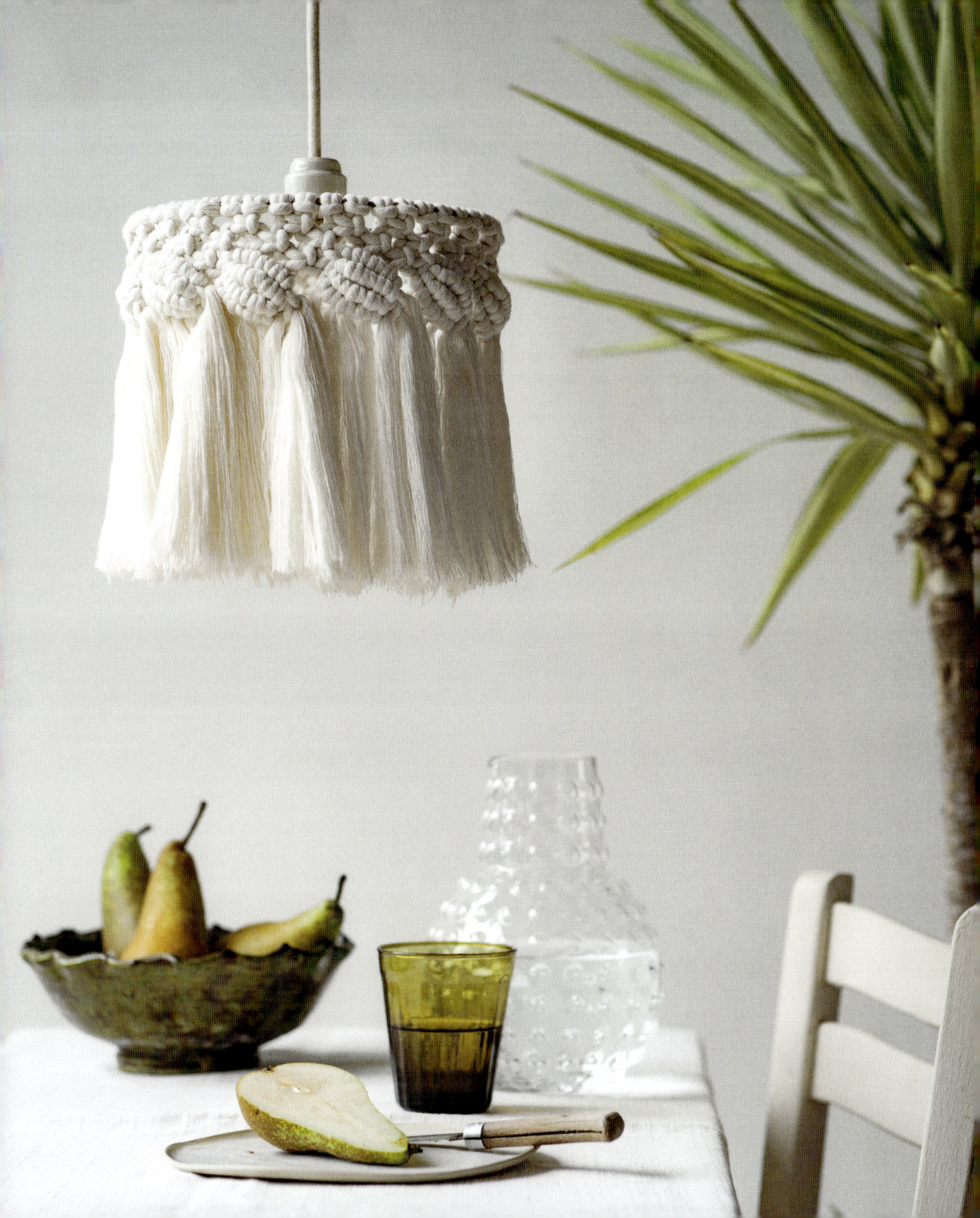

SCHRITT 1

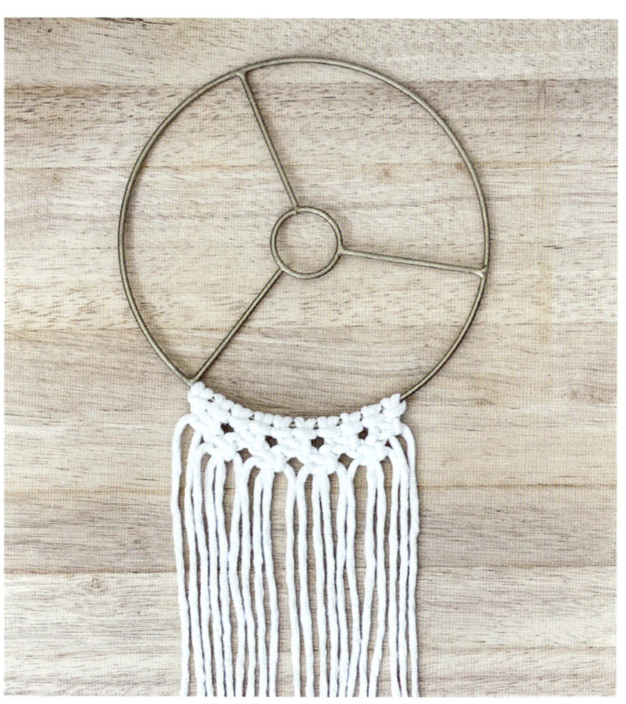

Schneiden Sie 10 Fäden zu, die Hälfte davon 1 m und die andere Hälfte 80 cm lang. Befestigen Sie sie mit LKK in der folgenden Reihenfolge am Lampenschirmring – von rechts nach links für Rechtshänder und von links nach rechts für Linkshänder:

- 1 × 80 cm langer Faden
- 2 × 1 m lange Fäden
- 2 × 80 cm lange Fäden
- 2 × 1 m lange Fäden
- 2 × 80 cm lange Fäden
- 1 × 1 m langer Faden

Knüpfen Sie 2 Reihen VKK.

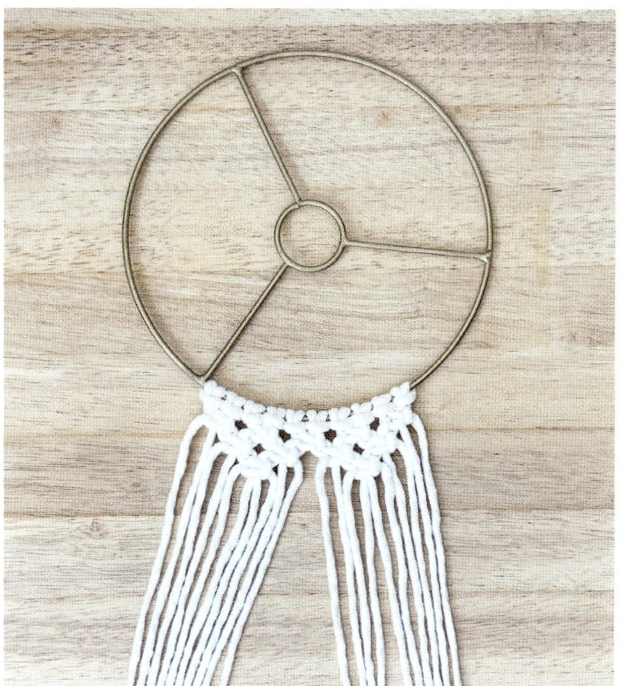

SCHRITT 2

In der dritten Reihe knüpfen Sie nur 2 KK, und zwar wie folgt: Lassen Sie die ersten 4 Fäden links liegen, machen Sie einen KK mit den 4 folgenden Fäden. Lassen Sie wieder 4 Fäden unverknotet liegen, und machen Sie dann den zweiten KK.

SCHRITT 3 *Einen gebauschten Rippenknoten knüpfen*

Dies ist die Version für **Rechtshänder**. Linkshänder führen alle Schritte spiegelverkehrt aus.

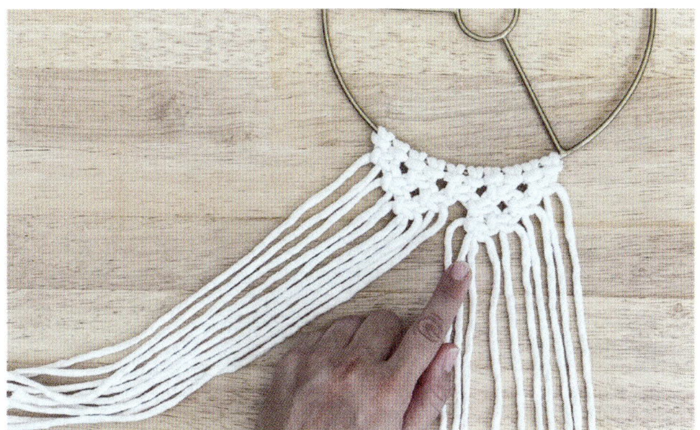

1 • Lassen Sie die ersten 6 Fäden rechts liegen, und knüpfen Sie mit den nächsten Fäden versetzt einen KK. Gut festziehen.

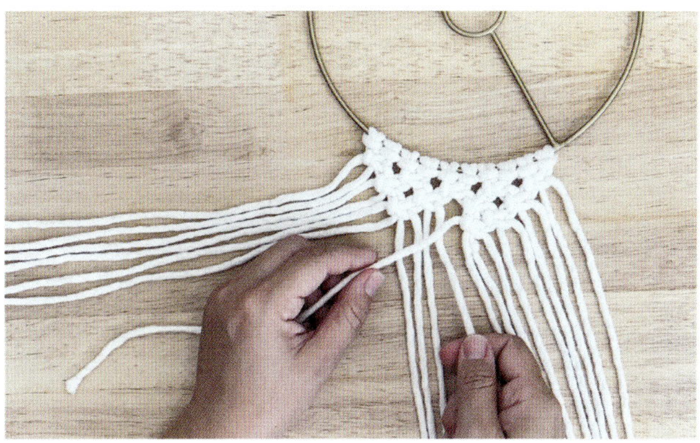

2 • Die 4 Fäden dieses KK dienen als Leitfäden für 4 nach links verlaufende Rippen.

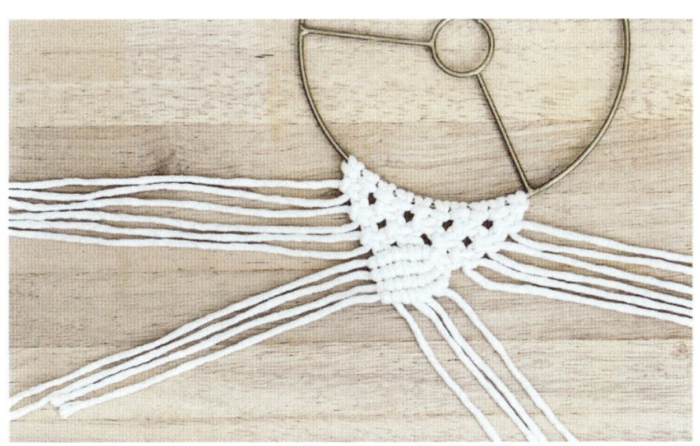

3 • Knüpfen Sie 4 Rippen mit jeweils 4 RK.

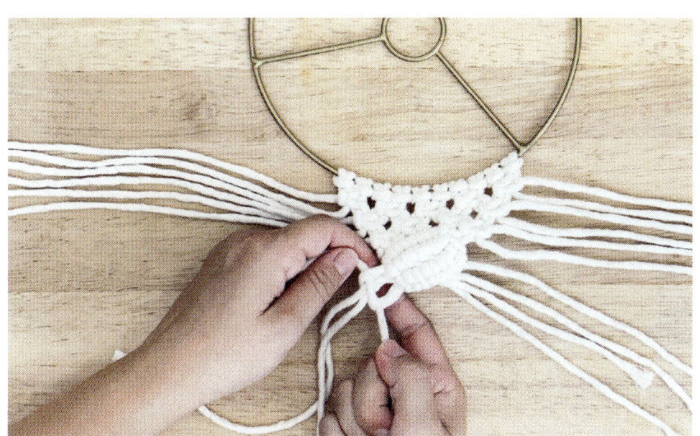

4 • Knüpfen Sie anschließend einen KK mit den 4 Leitfäden. Gut festziehen, sodass sich die Rippen nach vorne wölben. Von Hand zurechtziehen, um eine schöne runde Form zu erhalten.

Tipp für Linkshänder

Um zu sehen, wie Sie Ihre Fäden ausrichten müssen, stellen Sie rechts neben dem Foto einen Spiegel auf. Das Spiegelbild zeigt an, wie geknüpft werden muss.

SCHRITT 4

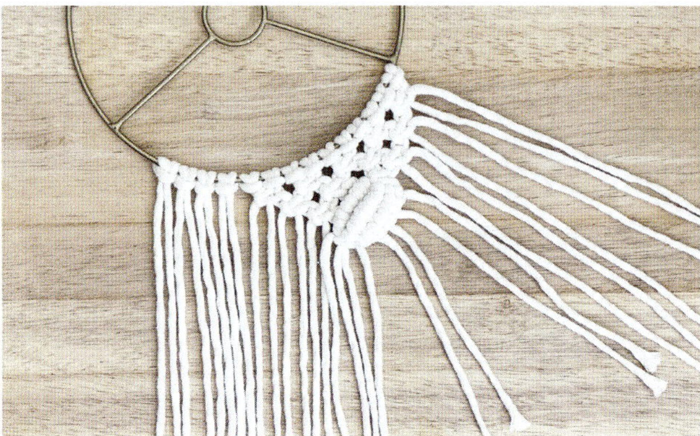

Fügen Sie links (bei Linkshändern rechts) 4 neue Fäden in der folgenden Reihenfolge hinzu: einen mit 1 m Länge, zwei mit 80 cm Länge und einen mit 1 m Länge.

SCHRITT 5

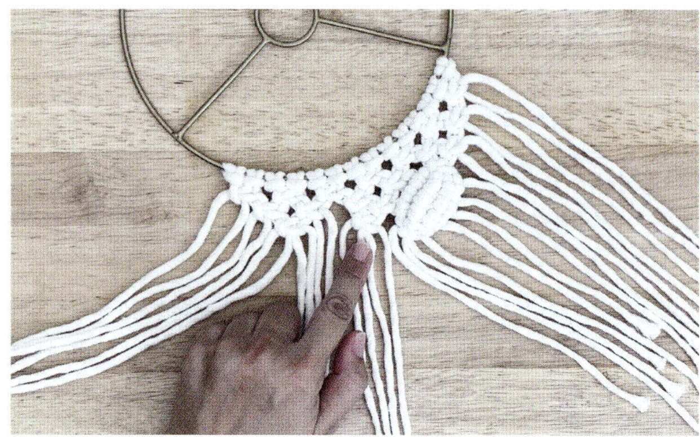

Knüpfen Sie ein Dreieck im VKK mit insgesamt 6 KK. Knüpfen Sie einen diagonalen KK mit den 4 Fäden, die über den 4 Leitfäden des gebauschten Rippenknotens liegen.

SCHRITT 6

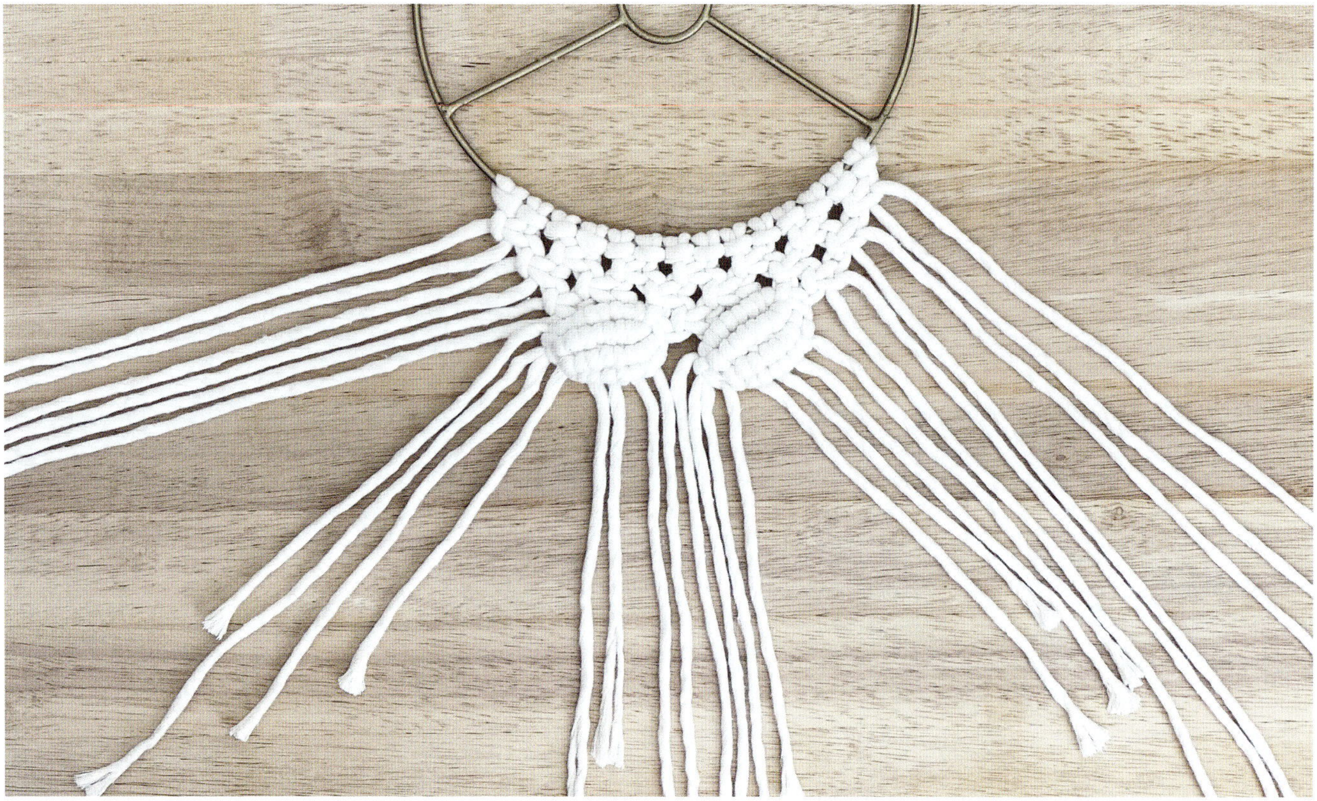

Verwenden Sie diese als Leitfäden für die 4 nächsten Rippen.

SCHRITT 7

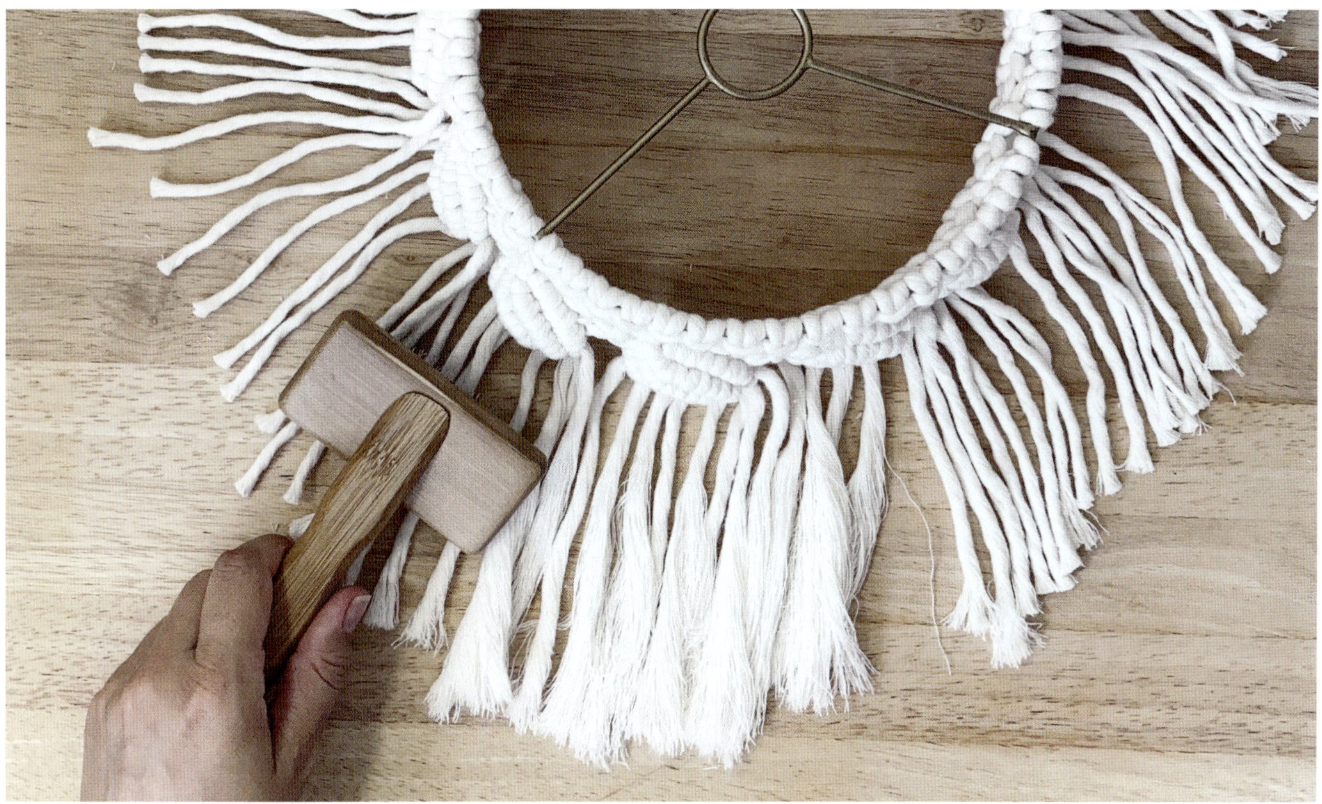

Wiederholen Sie dies, bis Sie 11 gebauschte Rippenknoten geknüpft haben. Fügen Sie zwei 1 m lange Fäden hinzu, und schließen Sie den Lampenschirm mit einem letzten gebauschten Rippenknoten ab. Schneiden Sie die Fäden auf eine Länge von 18 cm zurück. Die Fransen aufbürsten und gleichmäßig kürzen.

Spiegelrahmen

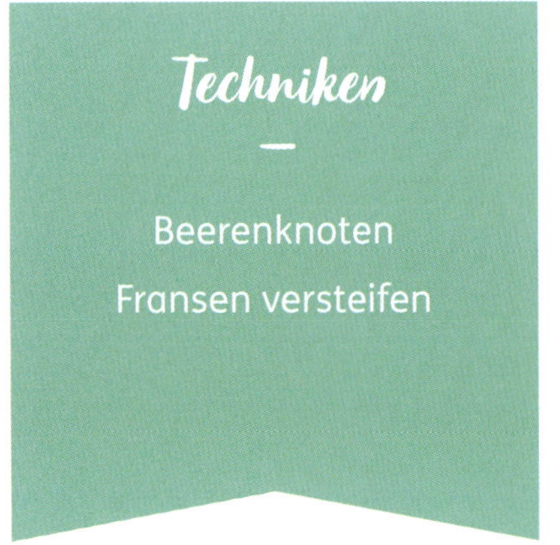

Der runde Spiegel mit einem Makramee-Rahmen ist ein absoluter Klassiker. Zur Auflockerung werden hier Beerenknoten eingearbeitet, die ihm eine dreidimensionale Struktur verleihen. Die spitz zulaufend geschnittenen Fransenbündel lassen ihn aussehen wie eine strahlende Sonne.

Materialien

- 70 m gekämmtes Garn (Stärke: 3 mm)
- Metallring (Durchmesser: 20 cm)
- Runder Spiegel (Durchmesser: 20 cm)
- Schere
- Maßband
- Bürste mit Metallstiften oder Kamm
- Teppichnadel
- 2 TL Maisstärke (für Wäschestärke)

Knüpfposition und Zeitaufwand

Sie arbeiten mit flach ausgebreiteten Fäden. Rechnen Sie mit etwa 6 Stunden Arbeitszeit.

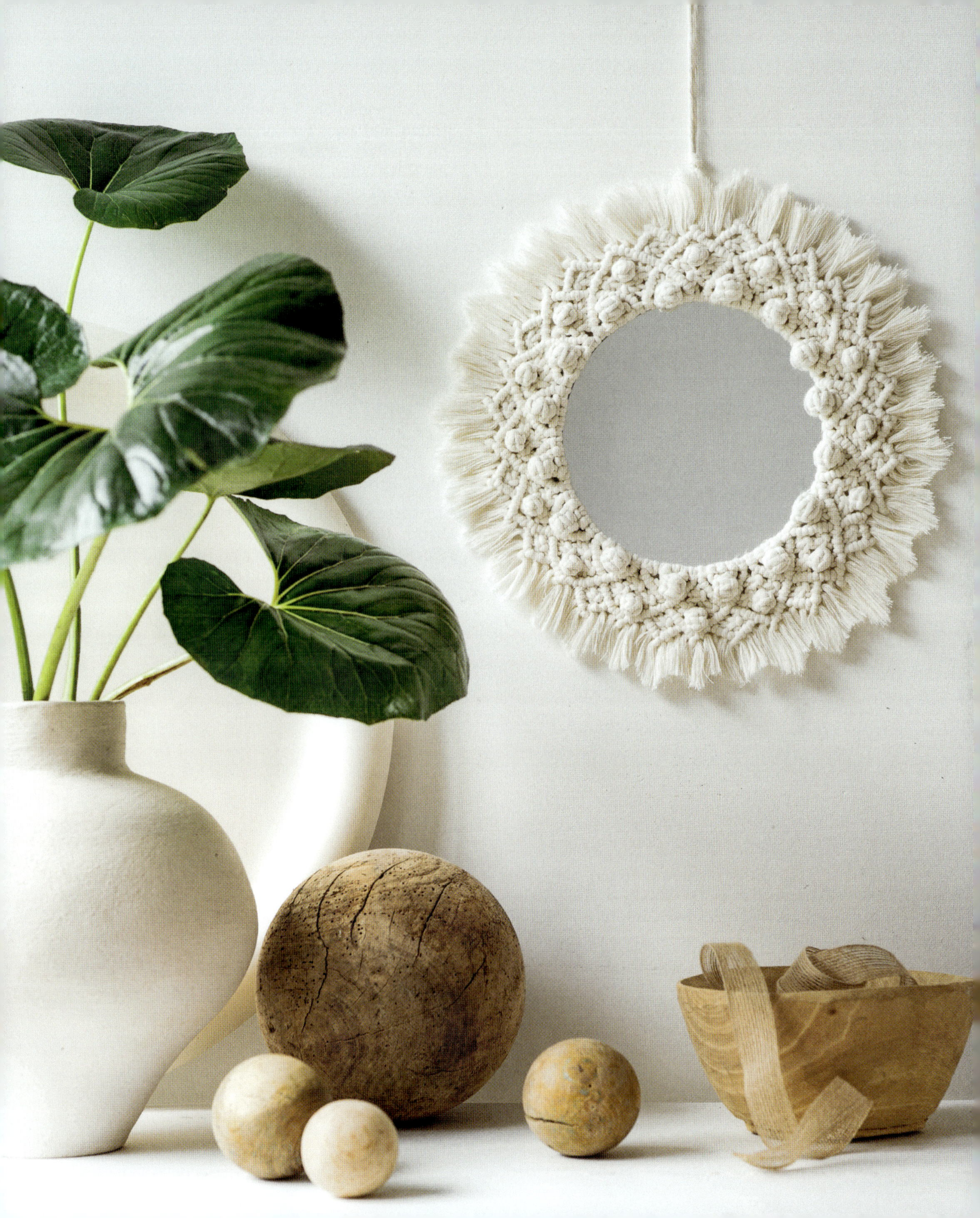

SCHRITT 1 Einen Beerenknoten knüpfen

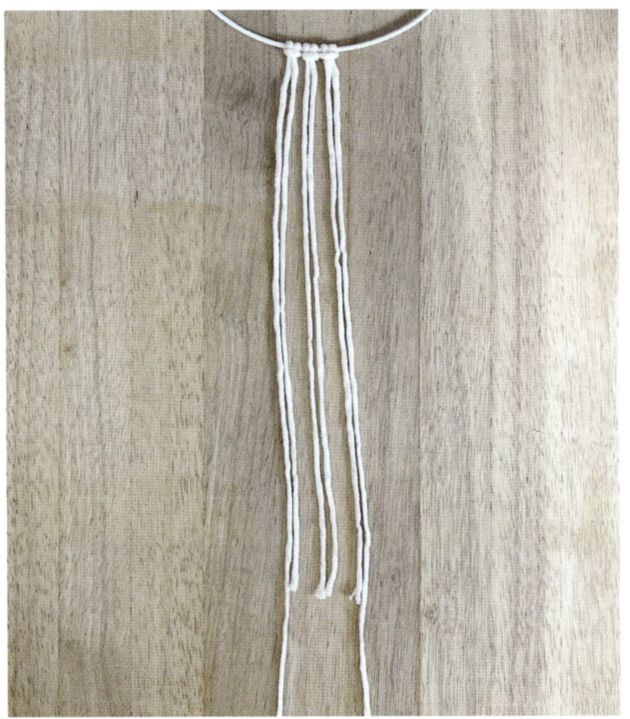

1 • Schneiden Sie 3 Fäden zu: einen 70 cm langen Faden und zwei 1 m lange Fäden. Knüpfen Sie sie an den Ring, wobei Sie den 70 cm langen Faden in die Mitte legen. Bringen Sie die 4 mittleren Stränge auf die gleiche Länge.

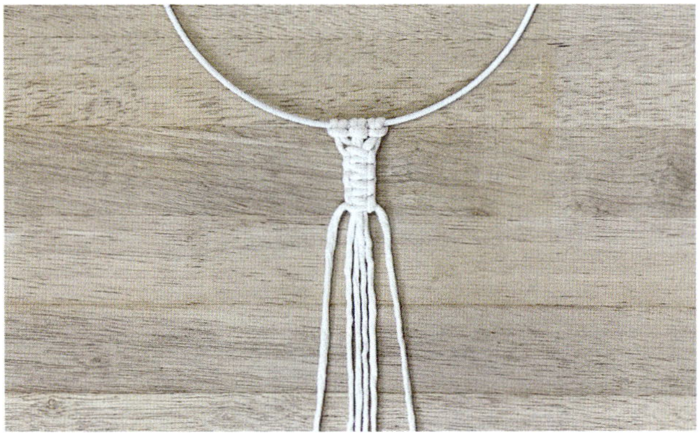

2 • Lassen Sie vor Ihrem ersten KK eine Lücke von 5 mm, und knüpfen Sie einen Zopf aus 4 KK. Die 2 äußeren, langen Fäden sind Ihre Knüpffäden, und die 4 mittleren Fäden sind die Füllerfäden.

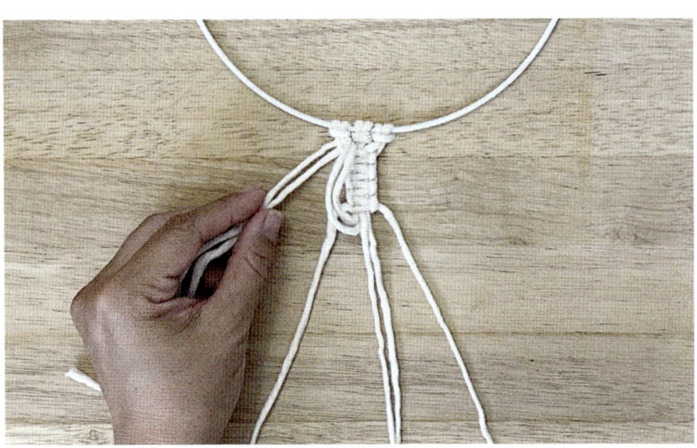

3 • Führen Sie die 4 mittleren Fäden durch die Lücken oberhalb des ersten KK, also die 2 linken Fäden durch den linken Zwischenraum, die rechten durch den rechten.

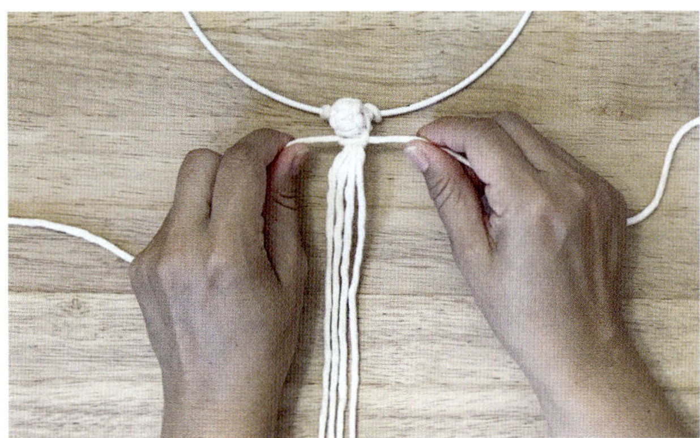

4 • Ziehen Sie die mittleren Fäden nach unten, und bringen Sie die Beere mit den Fingern in Form. Fixieren Sie die Beere, indem Sie mit den beiden äußeren Fäden unterhalb der Kugel einen KK knüpfen.

SCHRITT 2

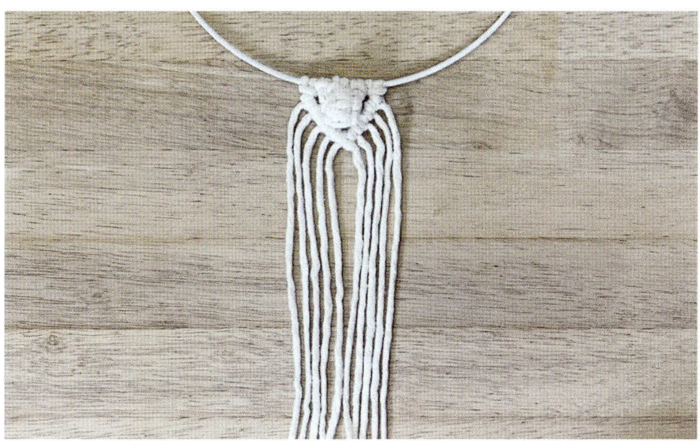

Befestigen Sie 2 Fäden mit einer Länge von 70 cm auf jeder Seite der Beere am Ring, und knüpfen Sie 2 diagonale Rippen mit RK. Diese beginnen an den rechten und linken Außenseiten und treffen sich in der Mitte.

SCHRITT 3

Knüpfen Sie neben der ersten Beere einen zweiten Beerenknoten, der von Rippen eingefasst ist.

SCHRITT 4

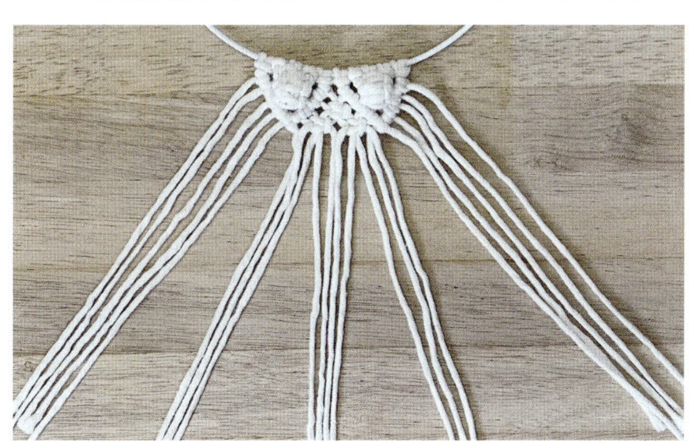

Knüpfen Sie 2 Reihen VKK zwischen diesen beiden Mustern.

SCHRITT 5

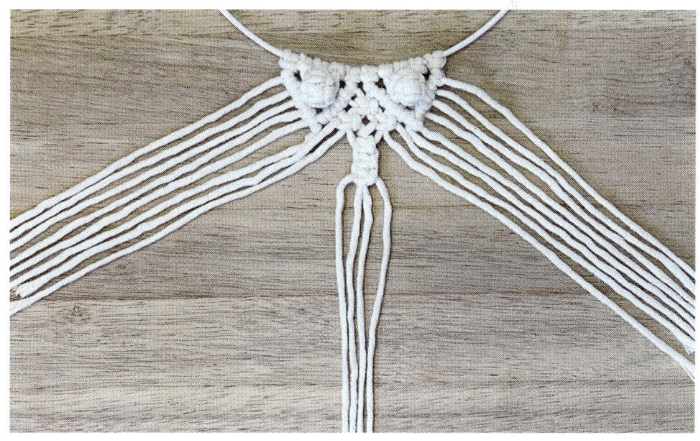

Knüpfen Sie in der Mitte einen Zopf aus 3 KK, wobei Sie darüber 5 mm Platz lassen.

SCHRITT 6

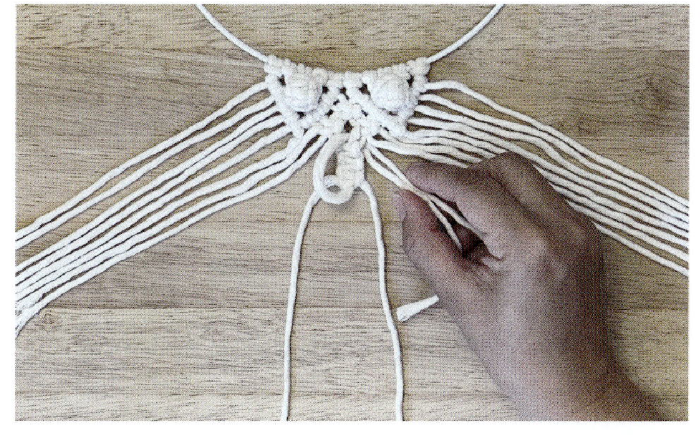

Formen Sie eine Beere, indem Sie die beiden mittleren Fäden durch die Lücke über dem Zopf ziehen. Mit einem KK fixieren.

SCHRITT 7

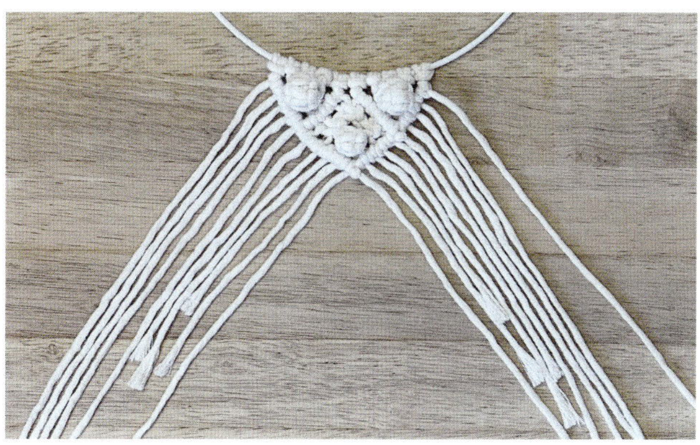

Knüpfen Sie 2 Rippen als Einfassung für die dritte Beere.

SCHRITT 8

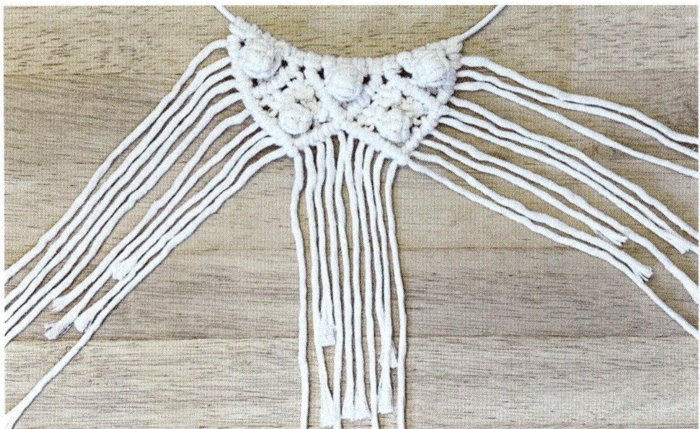

Wiederholen Sie den Vorgang ab Schritt 3.

SCHRITT 9

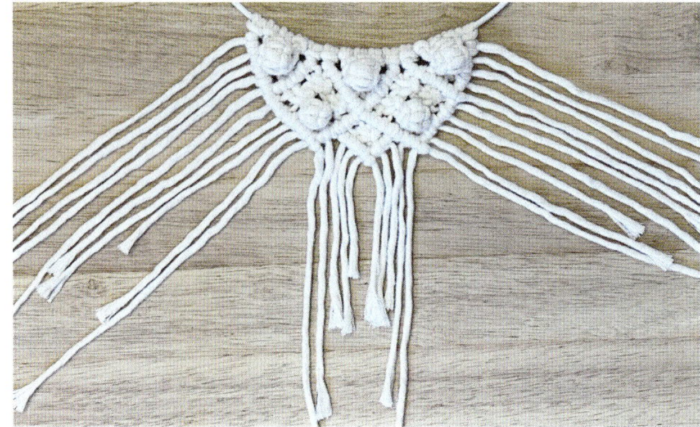

Knüpfen Sie in der Mitte einen KK und 2 Rippen zum Einfassen über 3 Fäden.

SCHRITT 10

Wiederholen Sie die Schritte 1 bis 9 so oft wie nötig, um den gesamten Ring zu bedecken. Für meinen Ring mit 20 cm Durchmesser habe ich das Muster 16-mal geknüpft.

SCHRITT 11 *Fransen versteifen*

Nachdem die Fransen ausgebürstet wurden, werden sie versteift, damit sie sich leichter und präziser abschneiden lassen. Bereiten Sie die Wäschestärke nach dem Rezept unten zu, und tragen Sie sie mit einem Pinsel auf die Fransen auf.

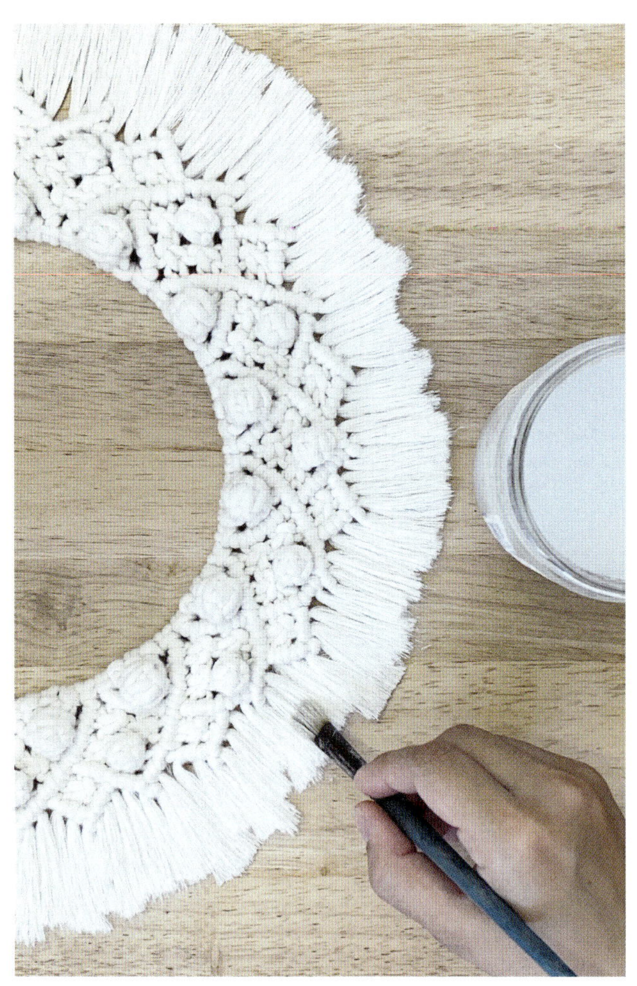

Rezept für Wäschestärke

Vermischen Sie 2 gehäufte Teelöffel Maisstärke mit 500 ml Wasser. Unter Rühren zum Kochen bringen. Die Flüssigkeit wird dabei durchsichtig.

Stellen Sie den Herd ab, rühren Sie kurz weiter, und lassen Sie die Flüssigkeit abkühlen. Die Wäschestärke ist fertig!

SCHRITT 12

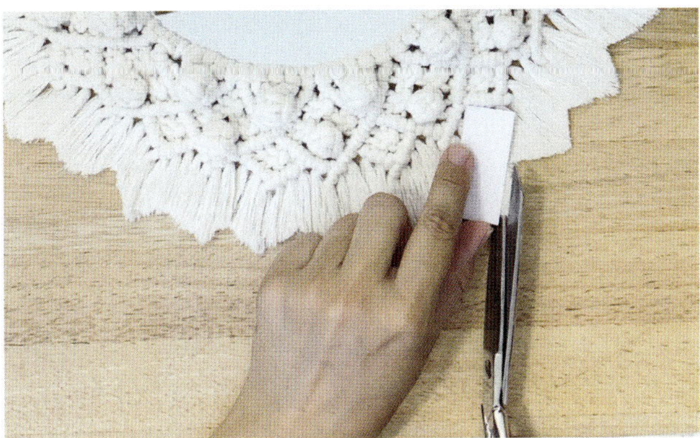

Wenn Sie die Wäschestärke aufgetragen haben, bürsten Sie die Fransen noch einmal, um sie in ihre endgültige Form zu bringen. Lassen Sie sie vor dem Kürzen trocknen. Für einen geraden und gleichmäßigen Schnitt nehmen Sie ein Stück Pappe zu Hilfe, das so lang ist wie die gewünschte Fransenlänge. Meine Fransen sind knapp 3 cm lang.

SCHRITT 13

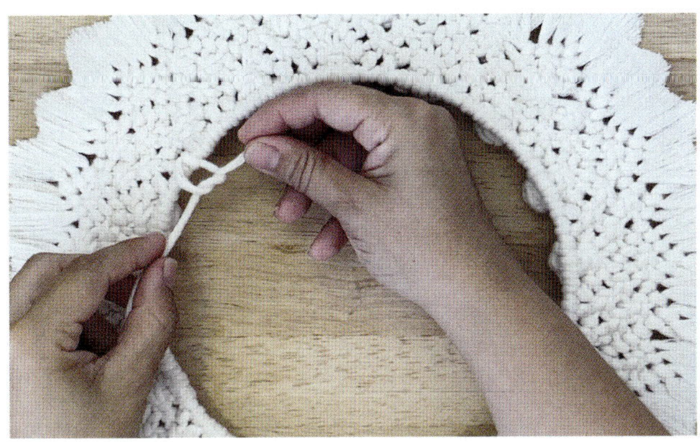

Befestigen Sie einen 2 m langen Faden mit einem Doppelknoten an der Rückseite des Rings.

SCHRITT 14

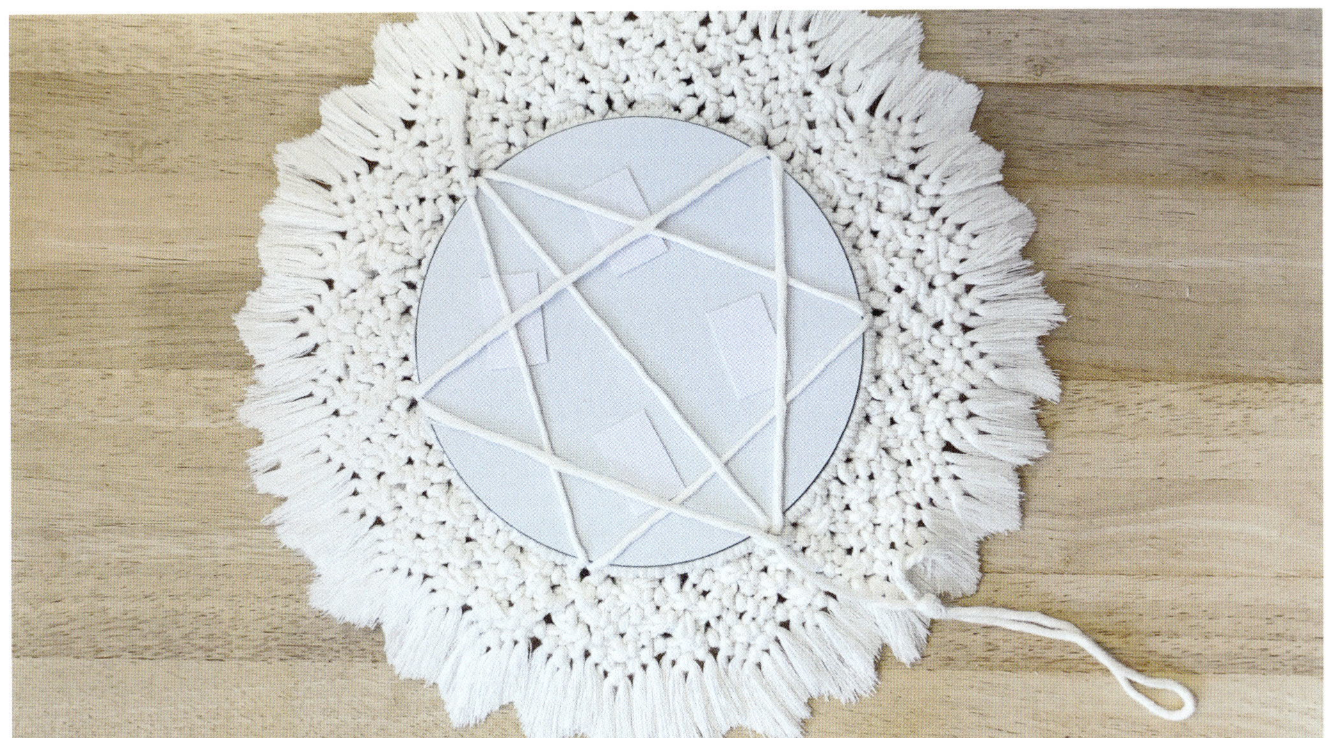

Ziehen Sie den Faden mit einer Nadel durch die Einfassung, sodass ein Dreieck entsteht. Schieben Sie den Spiegel darunter und machen Sie dann mit dem restlichen Faden ein zweites Dreieck. Knüpfen Sie mit dem Fadenende eine Schlaufe zum Aufhängen des Spiegels.

Kleine Tasche

Techniken

Waagerechter Rippenknoten (RK)

Makramee zusammennähen

Diese kleine Makramee-Tasche wird sich schnell zu einem Ihrer unentbehrlichen Accessoires mausern. Boho-Style und schick zugleich – damit passt sie zu vielen verschiedenen Outfits. Aufgrund ihres Formats kann sie auch als Brillenetui verwendet werden.

Materialien

- 50 m gekämmtes Garn (Stärke: 3 mm)
- Schere
- Maßband
- Teppichnadel
- Bürste mit Metallstiften oder Kamm

Knüpfposition und Zeitaufwand

Sie arbeiten mit hängenden Fäden. Rechnen Sie mit etwa 4 Stunden Arbeitszeit.

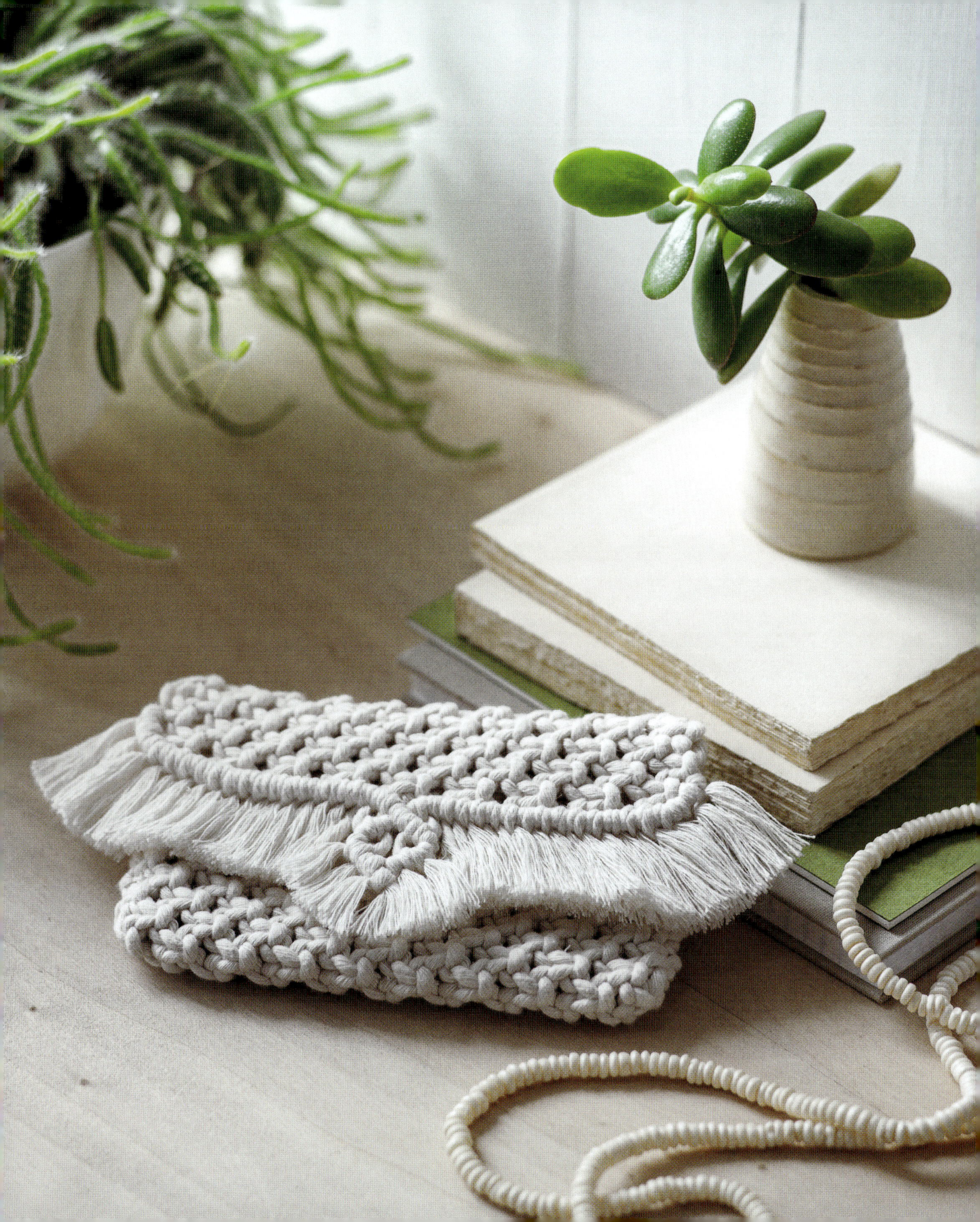

SCHRITT 1

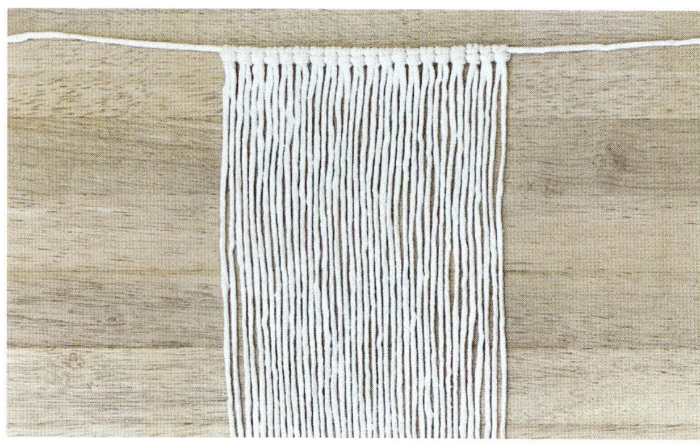

Schneiden Sie einen Faden mit 1,2 m Länge und 20 Fäden mit 2,3 m Länge zu. Befestigen Sie die 20 Fäden mit LKK an dem 1,2 m langen Faden.

SCHRITT 2

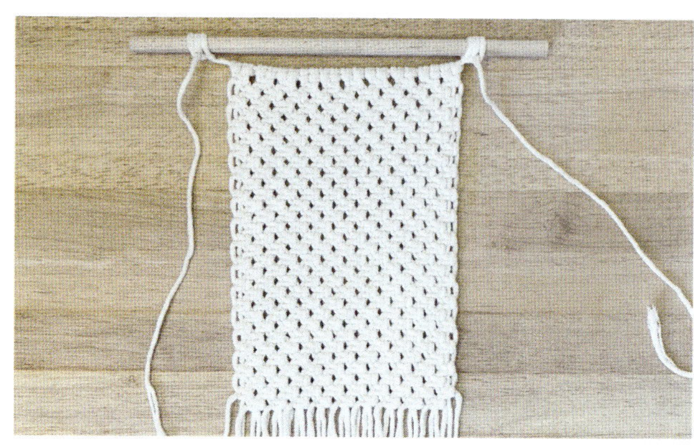

Knoten Sie 30 Reihen VKK. Um Ihnen das Arbeiten zu erleichtern, sollten Sie den Faden an einem Holzstab befestigen und ihn so weit wie möglich spannen, damit die KK-Reihen schön waagerecht sind.

SCHRITT 3 *Einen waagerechten Rippenknoten (RK) knüpfen*

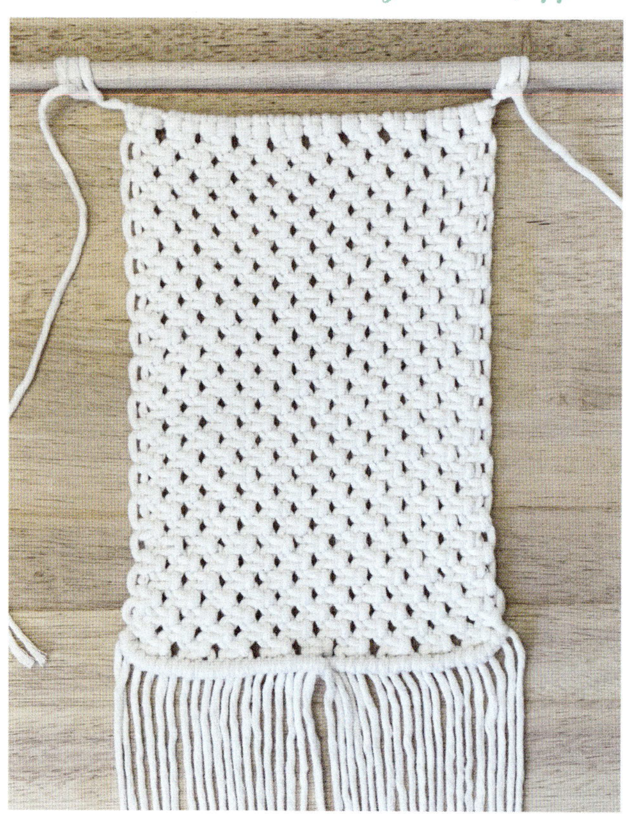

Knüpfen Sie eine waagerechte Rippe nach rechts und eine waagerechte Rippe nach links, wobei die äußeren Fäden als Leitfaden dienen. In der Mitte aufhören. Die RK sollten schön eng sitzen. Wenn Sie nicht genug Platz haben, überspringen. Sie einen Faden (am besten einen der beiden KK-Füllerfäden). Diesen Faden können Sie dann mit einer Nadel auf der Rückseite des Makramee-Stücks einziehen.

SCHRITT 4

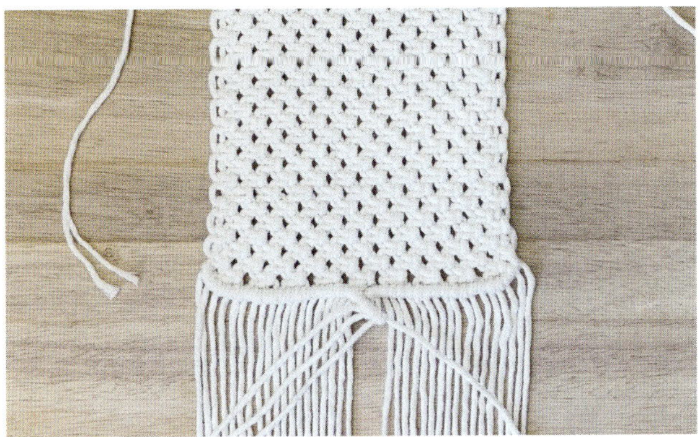

Verlängern Sie die waagerechte Rippe nach rechts, indem Sie 3 diagonale RK knüpfen.

SCHRITT 5

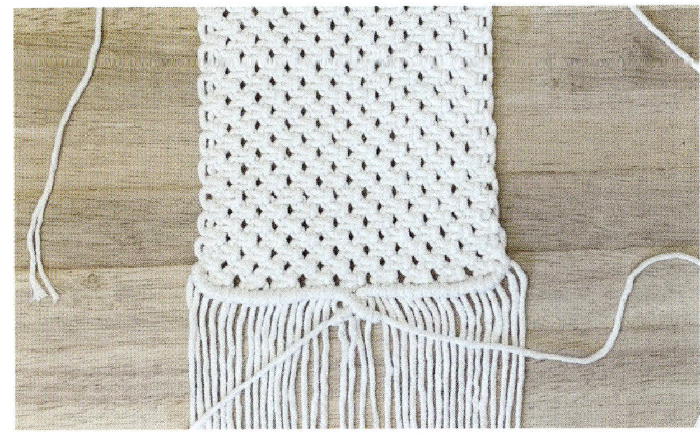

Knüpfen Sie 2 diagonale RK nach links, indem Sie den Leitfaden der waagerechten Rippe nach links wieder aufnehmen.

SCHRITT 6

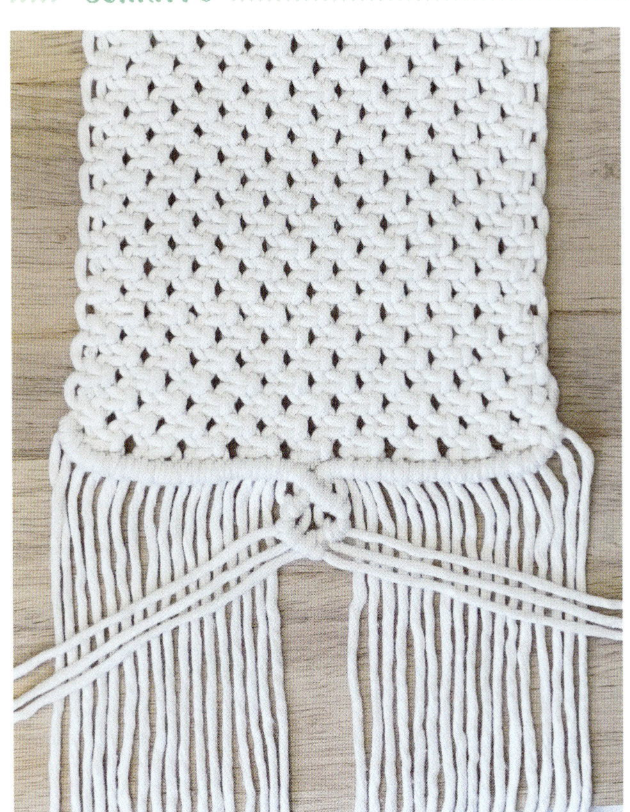

Schließen Sie die Raute mit einer diagonalen Rippe nach links mit 2 RK und einer diagonalen Rippe nach rechts mit 3 RK.

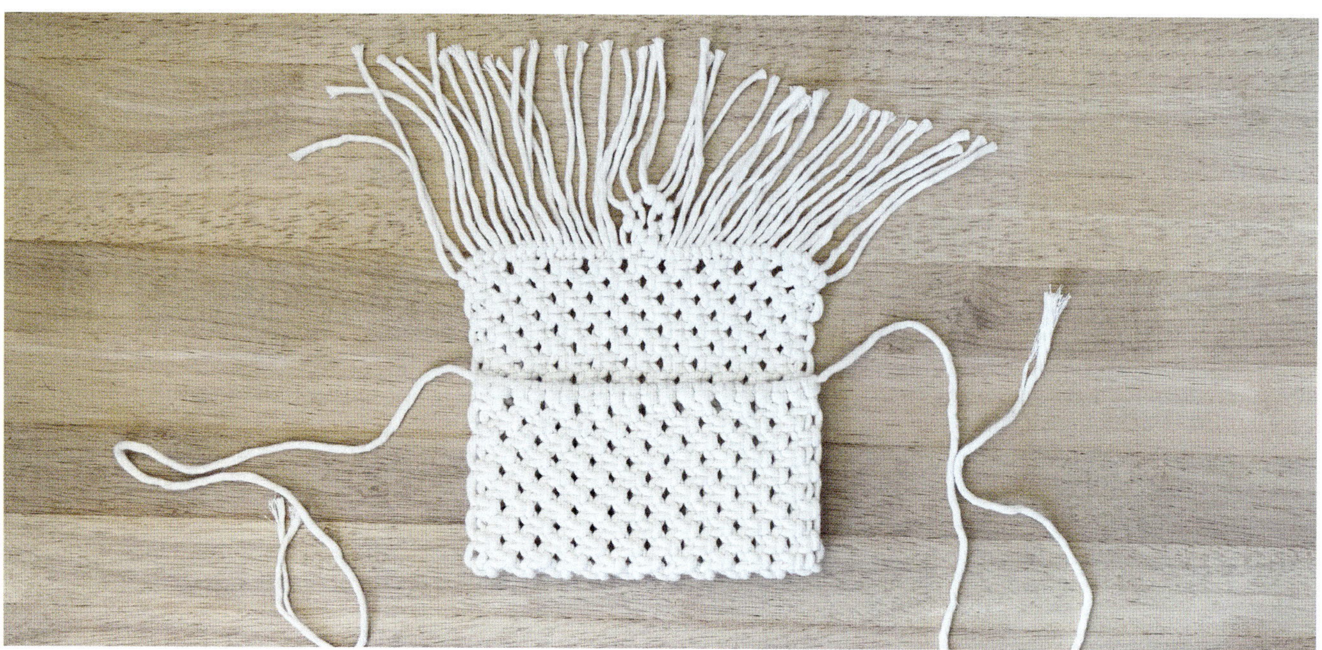

1 • Falten Sie die Tasche so, dass die untere Partie aus 10 Reihen KK besteht.

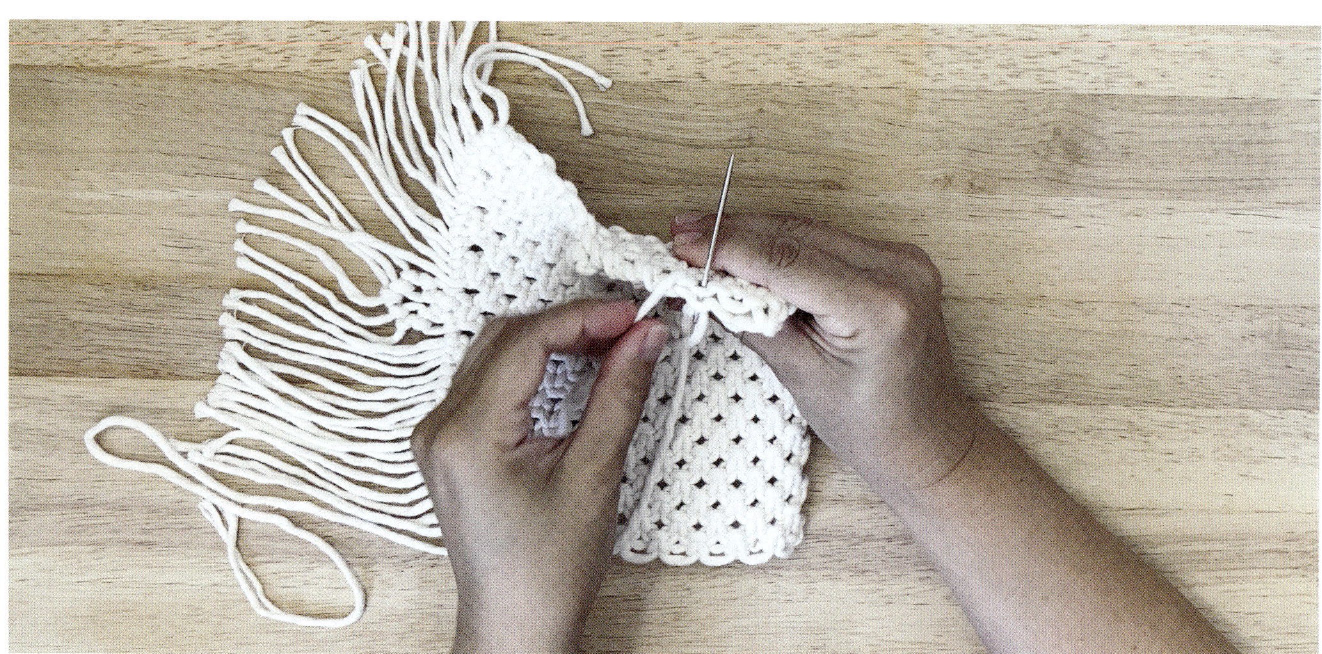

2 • Nutzen Sie die Enden des 1,2 m langen Fadens, um die Seiten der Tasche mit einer Teppichnadel zusammenzunähen. Stechen Sie hierzu durch eine KK-Schlaufe und einen Fadenstrang zwischen 2 KK.

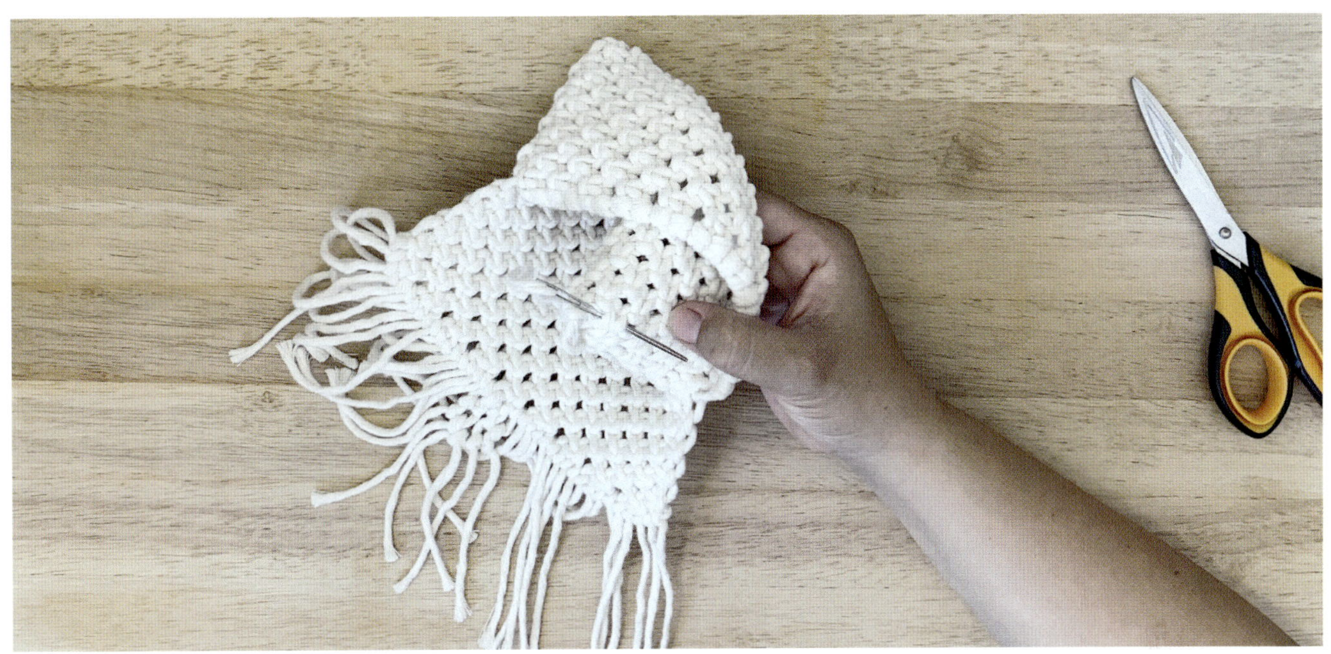

3 • Ziehen Sie den restlichen Faden auf der Rückseite der Arbeit ein, und machen Sie einen einfachen Knoten, bevor Sie den überschüssigen Fadenrest abschneiden. Wiederholen Sie den Vorgang auf der anderen Seite.

SCHRITT 8

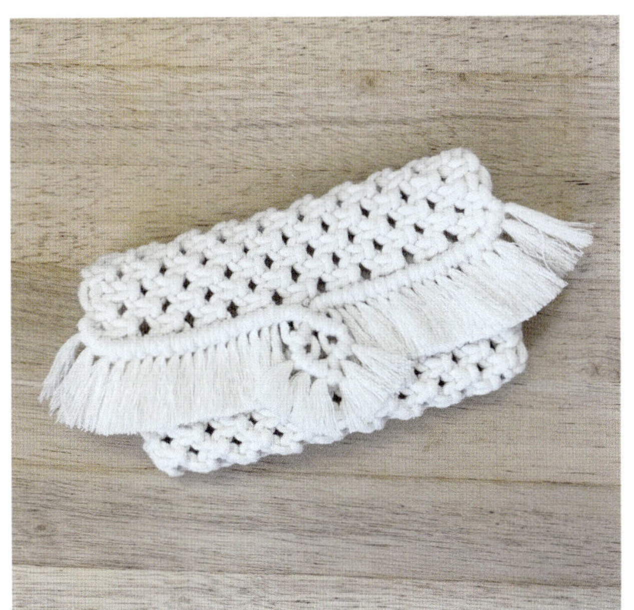

Die Fransen aufbürsten und auf eine Länge von 3 cm kürzen.

Runde Tischset

Techniken

Rippenknoten (RK) in der Runde

Fäden einfügen und Muster bilden

Runde Makramee-Arbeiten zu knüpfen, kann süchtig machen. Hat man die ersten Runden geschafft, wird diese zeitintensive Arbeit zu einer meditativen und entspannenden Beschäftigung. Dieses Tischset hat einen Durchmesser von 30 cm. Zum Ausprobieren können Sie auch etwas kleiner anfangen und einen einfarbigen Glasuntersetzer knüpfen.

Materialien

- 65 m gekämmtes Garn in Ecru (Stärke: 5 mm) bzw. 12 m für einen Glasuntersetzer
- 7 m gekämmtes Metallic-Garn in Gold (Stärke: 3 mm)
- Schere
- Maßband
- Bürste mit Metallstiften oder Kamm

Knüpfposition und Zeitaufwand

Sie arbeiten mit flach ausgebreiteten Fäden. Rechnen Sie mit etwa 6 Stunden Arbeitszeit.

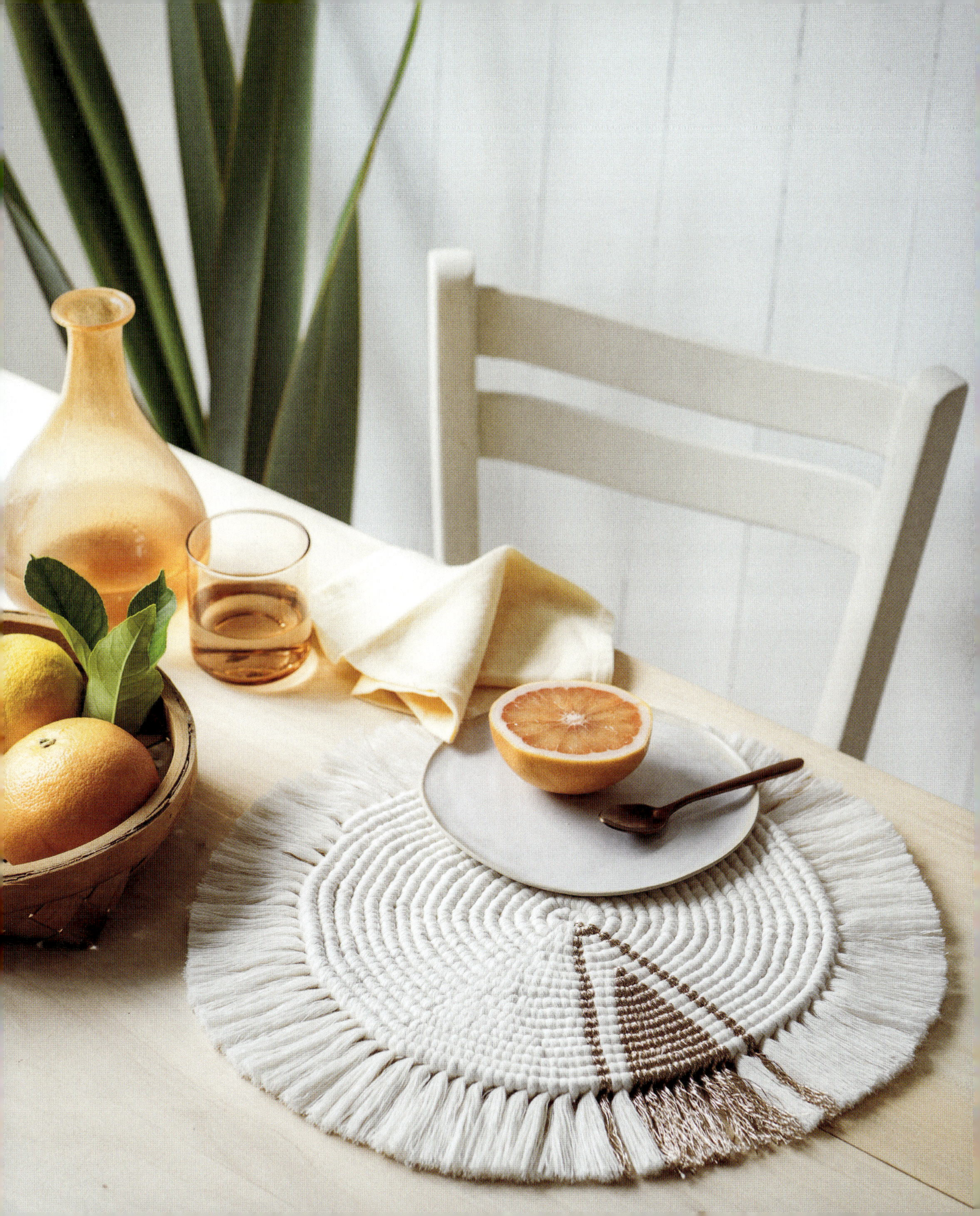

SCHRITT 1 Rippenknoten (RK) in der Runde knüpfen

Auf den Abbildungen wird die Version für Rechtshänder gezeigt. Linkshänder sehen mithilfe eines Spiegels rechts neben den Fotos, wie die Fäden liegen müssen.

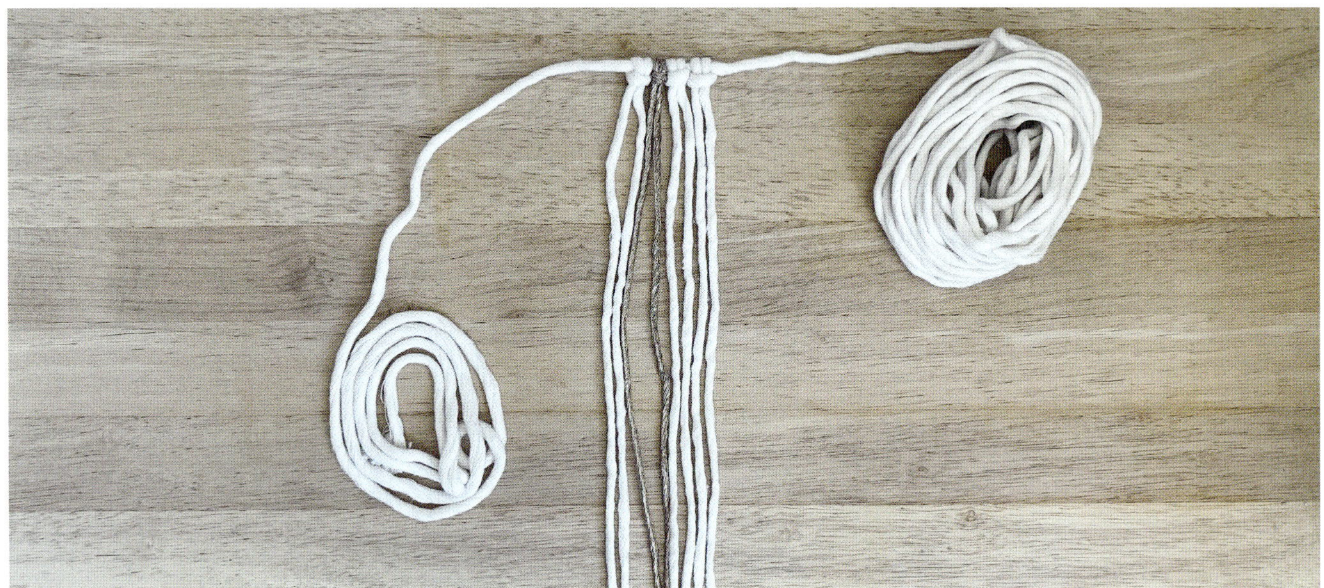

1 • Schneiden Sie einen 10 m langen Faden und 4 Fäden mit 2,1 m Länge zu – einen davon aus dem goldfarbenen Garn. Befestigen Sie die 4 Fäden mit LKK am 10 m langen Faden 1,3 m vom linken Fadenende entfernt (rechtes Ende für Linkshänder).

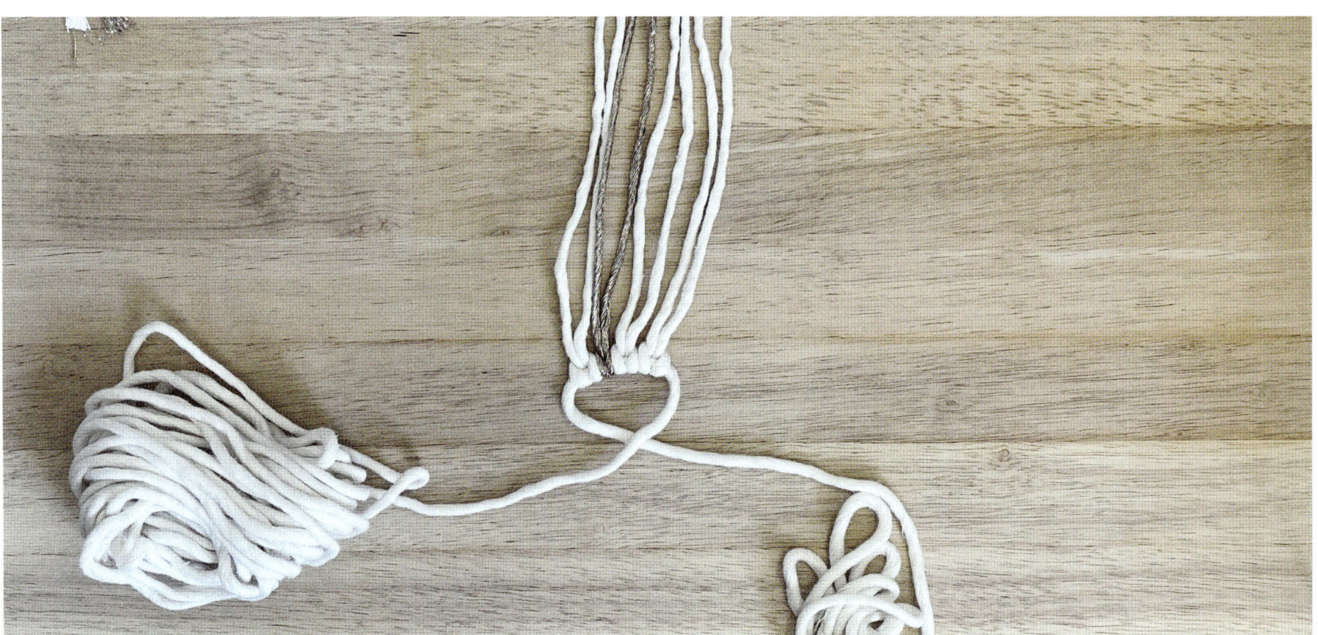

2 • Drehen Sie Ihre Arbeit um, und legen Sie die 8 befestigten Fadenstränge nach oben. Der längere Strang des 10 m langen Fadens wird Ihr Leitfaden. Der andere dient als erster Fadenstrang und wird wie die anderen Fäden zum Knüpfen verwendet. Der längere markiert den Beginn der Runde. Die Mitte bilden die 4 LKK.

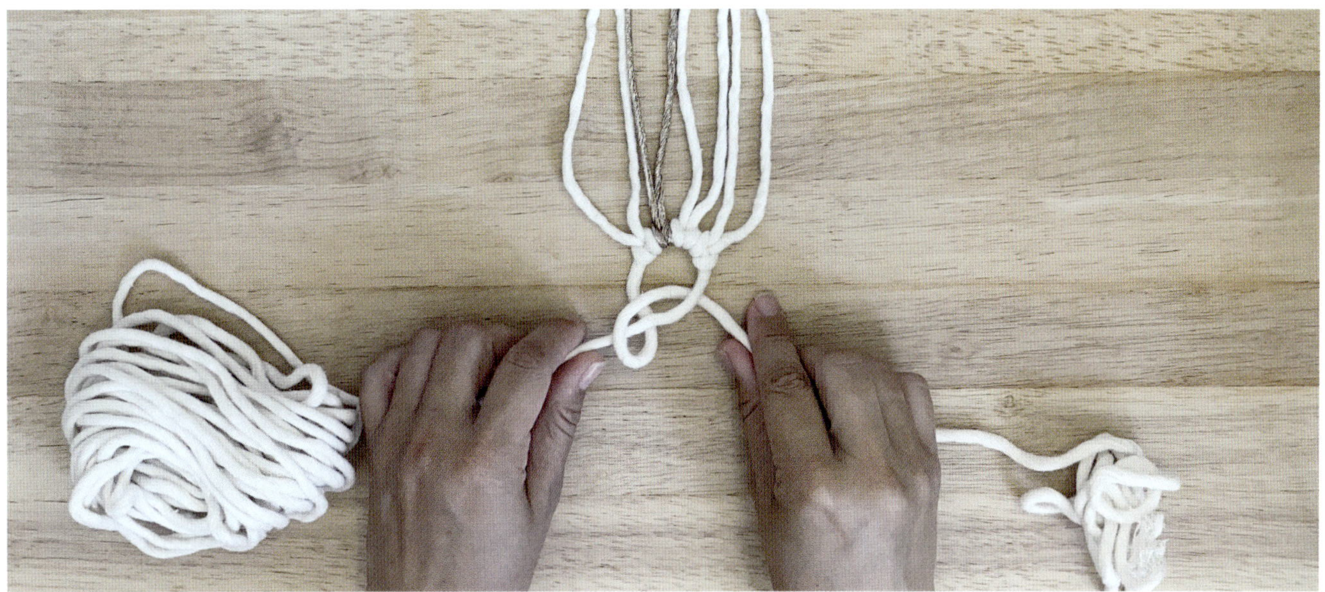

3 • Der Leitfaden liegt in Ihrer linken Hand (bei Linkshändern rechts), und der erste Strang darunter in der anderen Hand. Knüpfen Sie einen RK, um zusammen mit den 4 LKK den Anfang der Spirale zu bilden. Das ist Ihre **1. Runde**. Rechtshänder knüpfen RK nach links (siehe Seite 33) und Linkshänder RK nach rechts (siehe Seite 32).

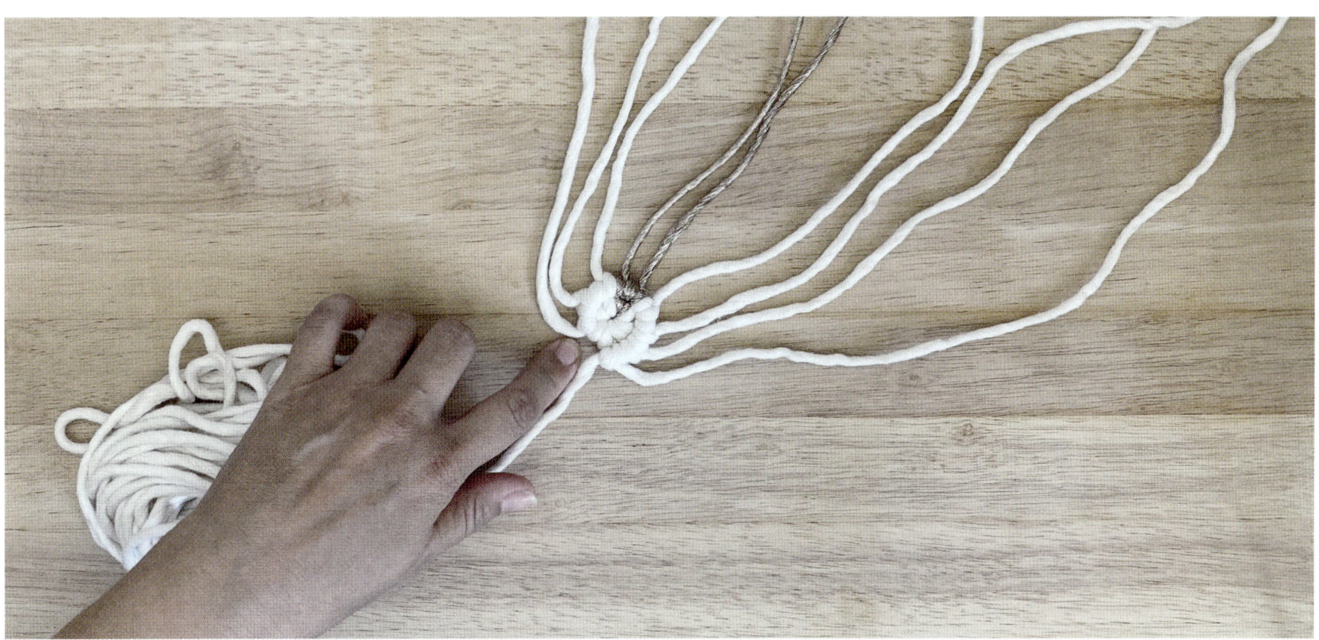

4 • Knüpfen Sie anschließend RK mit den nächsten 8 Fäden. Es bleibt eine kleine Lücke, die gefüllt werden muss.

Fäden einfügen

Ein Faden wird dann eingefügt, wenn die Lücke zwischen dem letzten Knoten und dem nächsten Faden zu groß ist. Wenn Sie 5 mm starkes Garn verwenden und Ihr Zeigefinger hineinpasst, muss ein neuer Faden eingefügt werden. Mit etwas Übung entwickeln Sie ein Gefühl dafür, wann Sie einen Faden einfügen müssen. Halten Sie sich in der Zwischenzeit genau an die Anleitung.

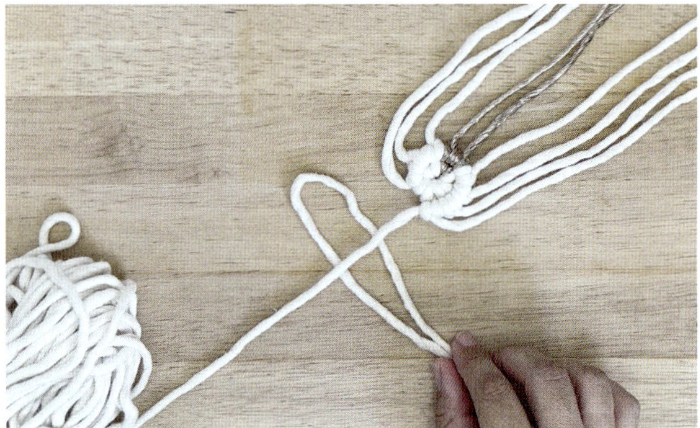

1 • Einen neuen Faden mit 2,1 m Länge einfügen: Legen Sie eine Garnschlinge unter den Leitfaden.

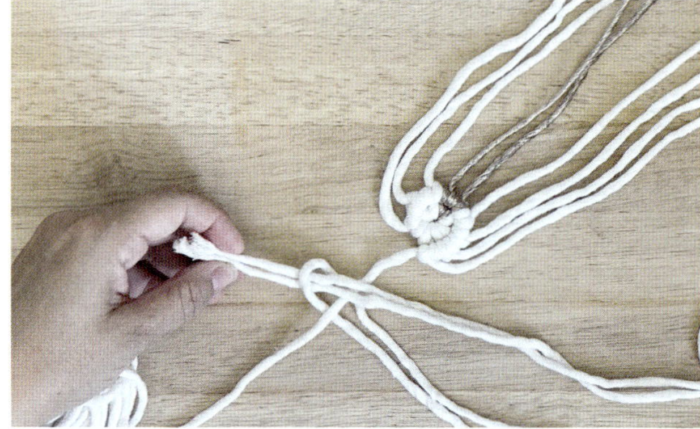

2 • Knüpfen Sie einen LKK wie gezeigt.

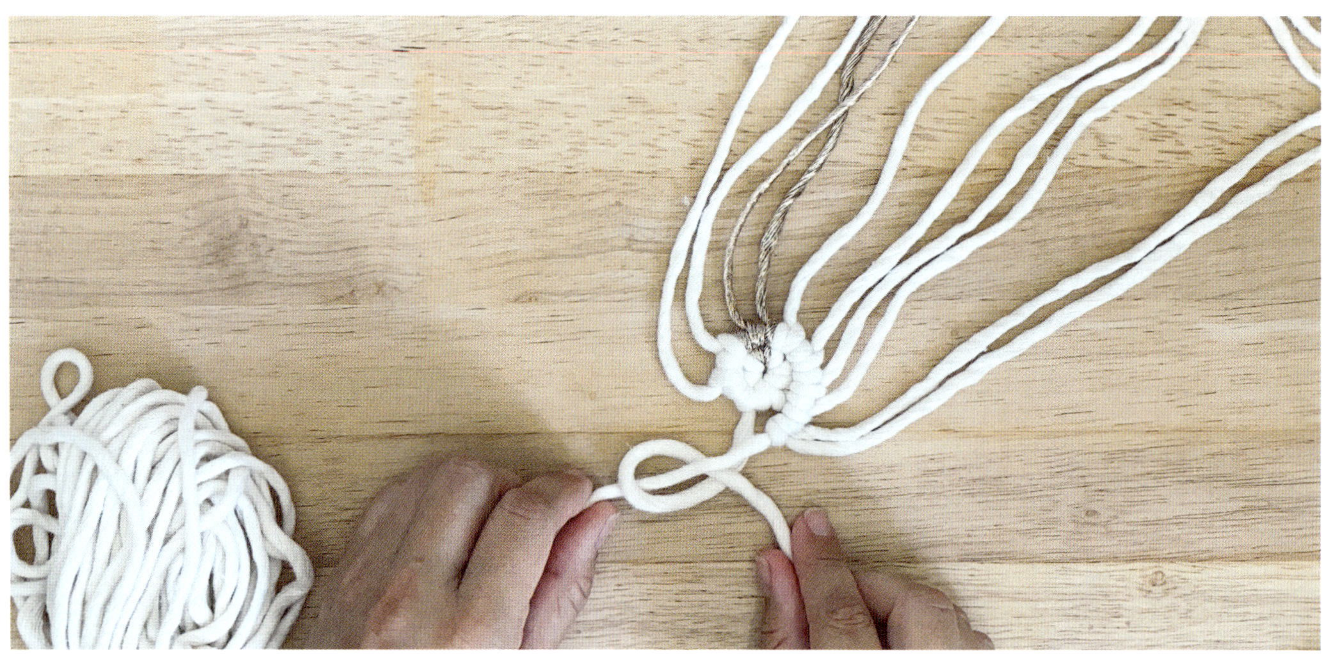

3 • Anschließend werden die RK mit den Fäden des Kreises bis zum nächsten Einfügen eines Fadens weitergeknüpft.

SCHRITT 2

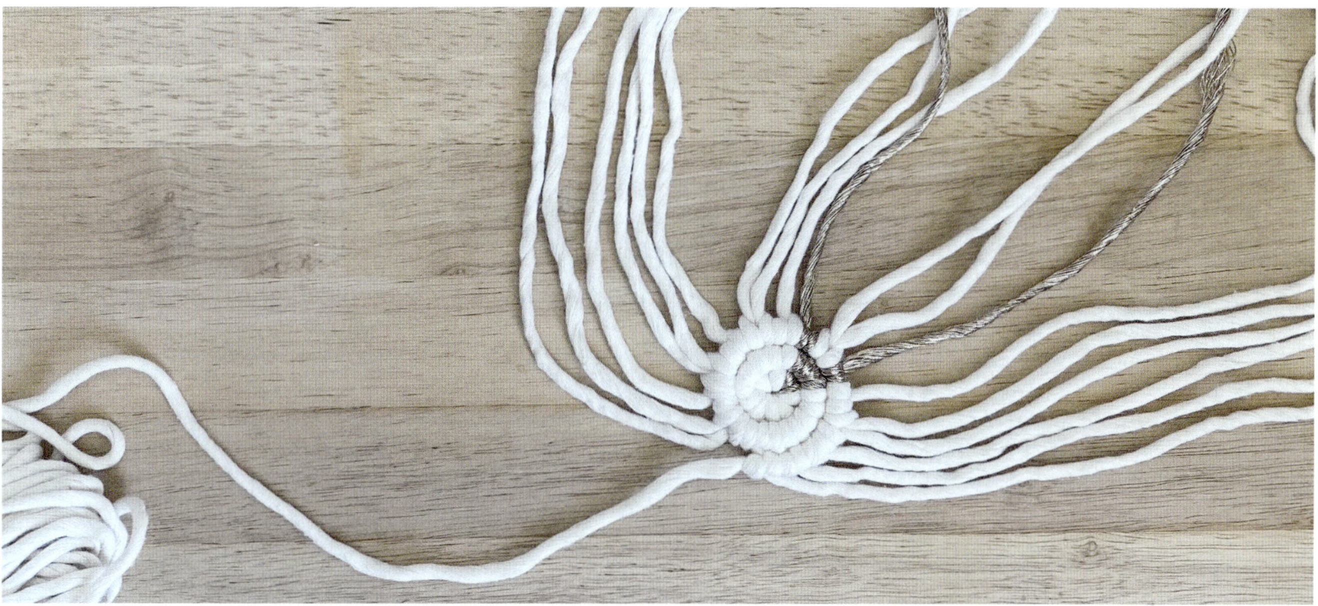

Fügen Sie in der **2. Runde** 5 neue 1,9 m lange Fäden in Ecru in folgender Reihenfolge zwischen den RK ein (X steht für Einsetzen): X-1RK-X-1RK-X-2RK-X-2RK-X und schließen Sie die Runde ab. Achten Sie darauf, einen Faden in Ecru zwischen die beiden goldfarbenen Fäden zu setzen.

SCHRITT 3

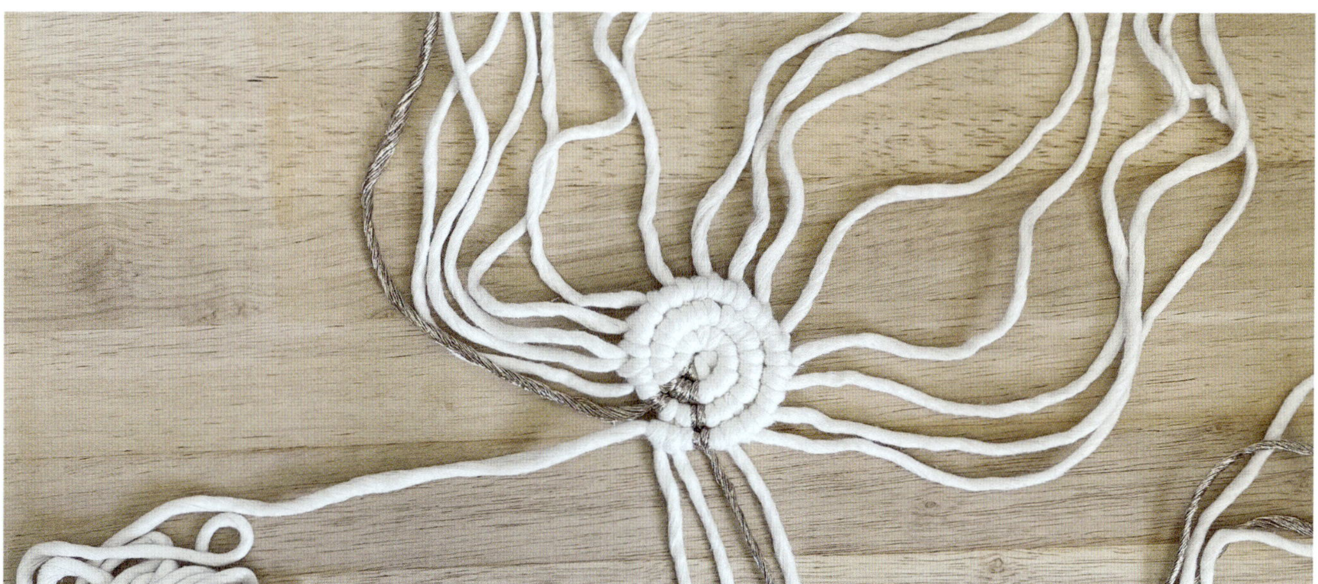

In der **3. Runde** knüpfen Sie RK mit allen Fäden, ohne neue Fäden einzufügen. Damit ein gleichmäßiges Muster entsteht, muss ab und an ein zusätzlicher halber Schlag gemacht bzw. weggelassen werden. Zwischen den goldenen Fäden wurde hier ein RK mit einem ecrufarbenen Faden geknüpft und im Anschluss ein halber Schlag mit dem nächsten Faden, sodass zwischen den goldenen Fäden 3 Schlaufen entstanden sind.

SCHRITT 4

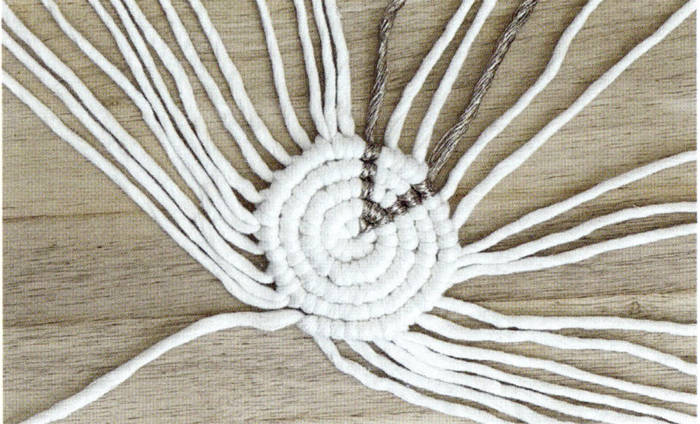

Fügen Sie in der **4. Runde** 5 neue 1,7-m-Fäden in Ecru wie folgt ein: X-2RK-X-4RK-X-7RK-X-3RK-X und die Runde abschließen.

SCHRITT 6

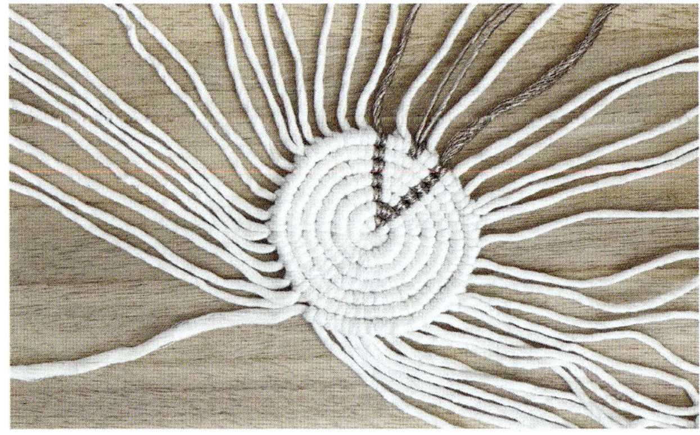

Fügen Sie in der **6. Runde** 7 neue 1,5 m lange Fäden, und zwar 6 in Ecru und einen in Gold, wie folgt ein: X-3RK-X-4RK-X-6RK-X goldfarben-4RK-X-4RK-X-5RK-X und die Runde abschließen.

SCHRITT 5

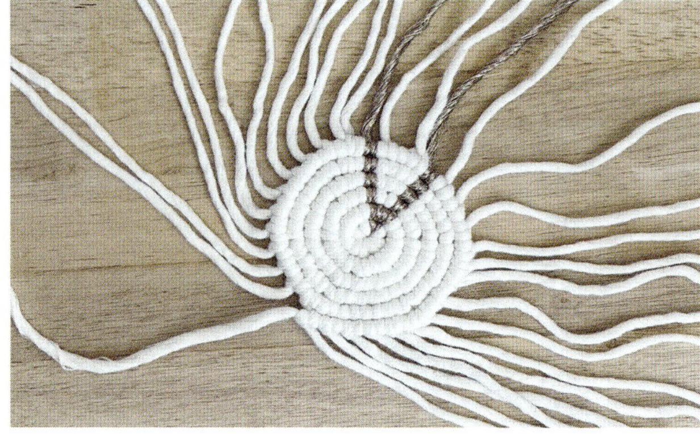

In der **5. Runde** keine Fäden einfügen. Hier werden 2 RK und ein halber Schlag zwischen den goldfarbenen Fäden geknüpft.

SCHRITT 7

In der **7. Runde** keine Fäden einfügen. Fügen Sie in der **8. Runde** einen 1,3 m langen goldfarbenen Faden in der Mitte zwischen den goldfarbenen Fäden ein.

SCHRITT 8

Fügen Sie in der **9. Runde** 7 neue 1,2-m-Fäden in Ecru wie folgt ein: X-6RK-X-6RK-X-13RK-X-4RK-X-5RK-X-5RK-X und die Runde abschließen. In der **10. Runde** keine Fäden einfügen.

SCHRITT 9

Fügen Sie in der **11. Runde** 2 neue 1 m lange Fäden ein, jeweils einen in Ecru und in Gold. Den ecrufarbenen fügen Sie nach 4 RK ein und den goldfarbenen zwischen den goldenen Fäden. In der **12. Runde** keine Fäden einfügen.

SCHRITT 10

Fügen Sie in der **13. Runde** 6 neue 80-cm-Fäden in Ecru wie folgt ein: X-14RK-X-5RK-X-19RK-X-6RK-X-13RK-X und die Runde abschließen. In der **14. Runde** keine Fäden einfügen.

SCHRITT 11

Fügen Sie in der **15. Runde** 7 neue 60 cm lange Fäden, und zwar 6 in Ecru und einen in Gold, wie folgt ein: 4RK-X-5RK-X-6RK-X-15RK-X goldfarben-9RK-X-13RK-X-9RK-X und die Runde abschließen.

SCHRITT 12

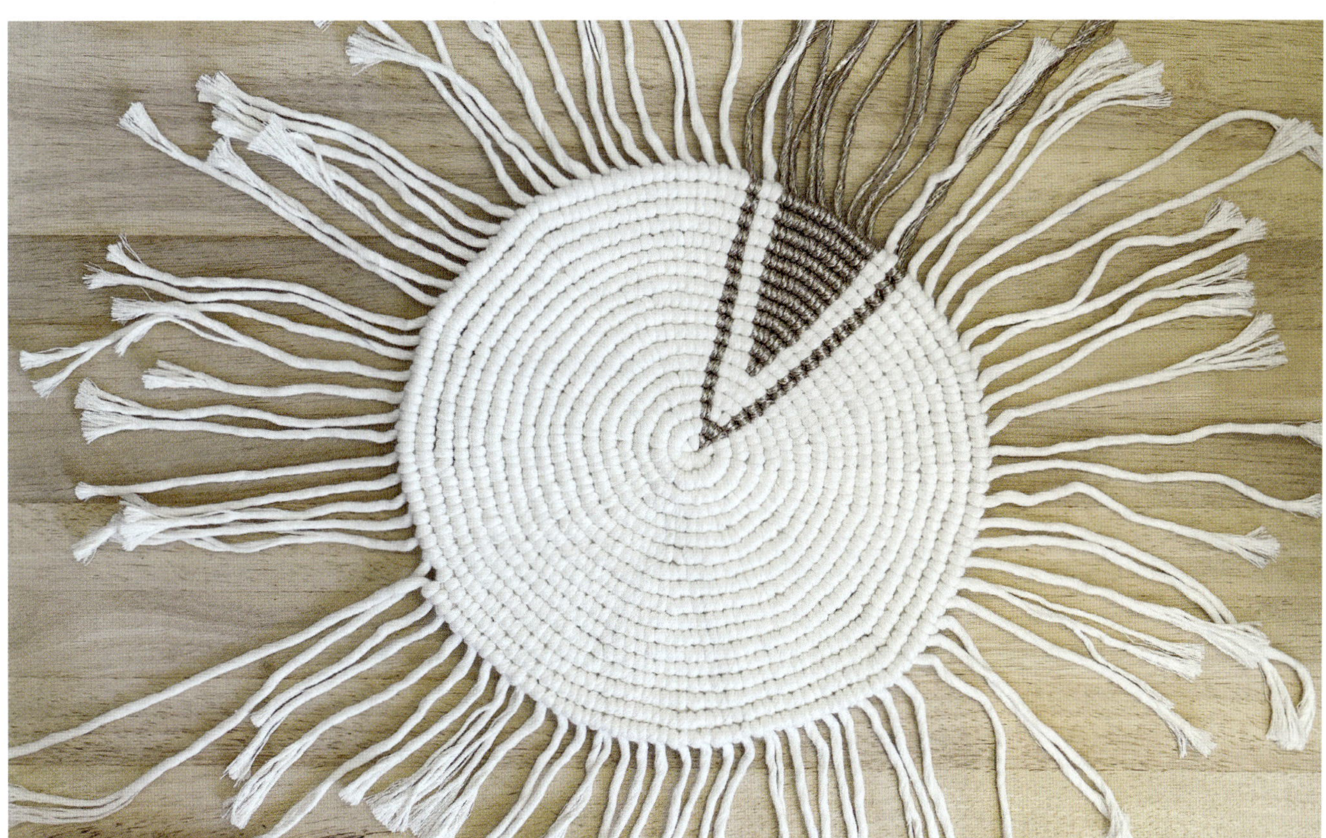

In der **16. und 17. Runde** keine Fäden einfügen, nur RK knüpfen. Die Fransen kürzen und aufbürsten.

Utensilo

Techniken

—

Kreuzknoten (KK) ohne Anfangsbefestigung

Dieses dekorative und nützliche Utensilo kann auch als Übertopf genutzt werden. Es lässt sich schnell und einfach durch eine Kombination aus Zöpfen und versetztem Kreuzknotenmuster herstellen.

Materialien

- 50 m gekämmtes, gezwirntes oder geflochtenes Garn (Stärke: 5 mm)
- Schere
- Maßband

Knüpfposition und Zeitaufwand

Zu Anfang arbeiten Sie mit flach ausgebreiteten, dann mit hängenden Fäden. Rechnen Sie mit etwa 3 Stunden Arbeitszeit.

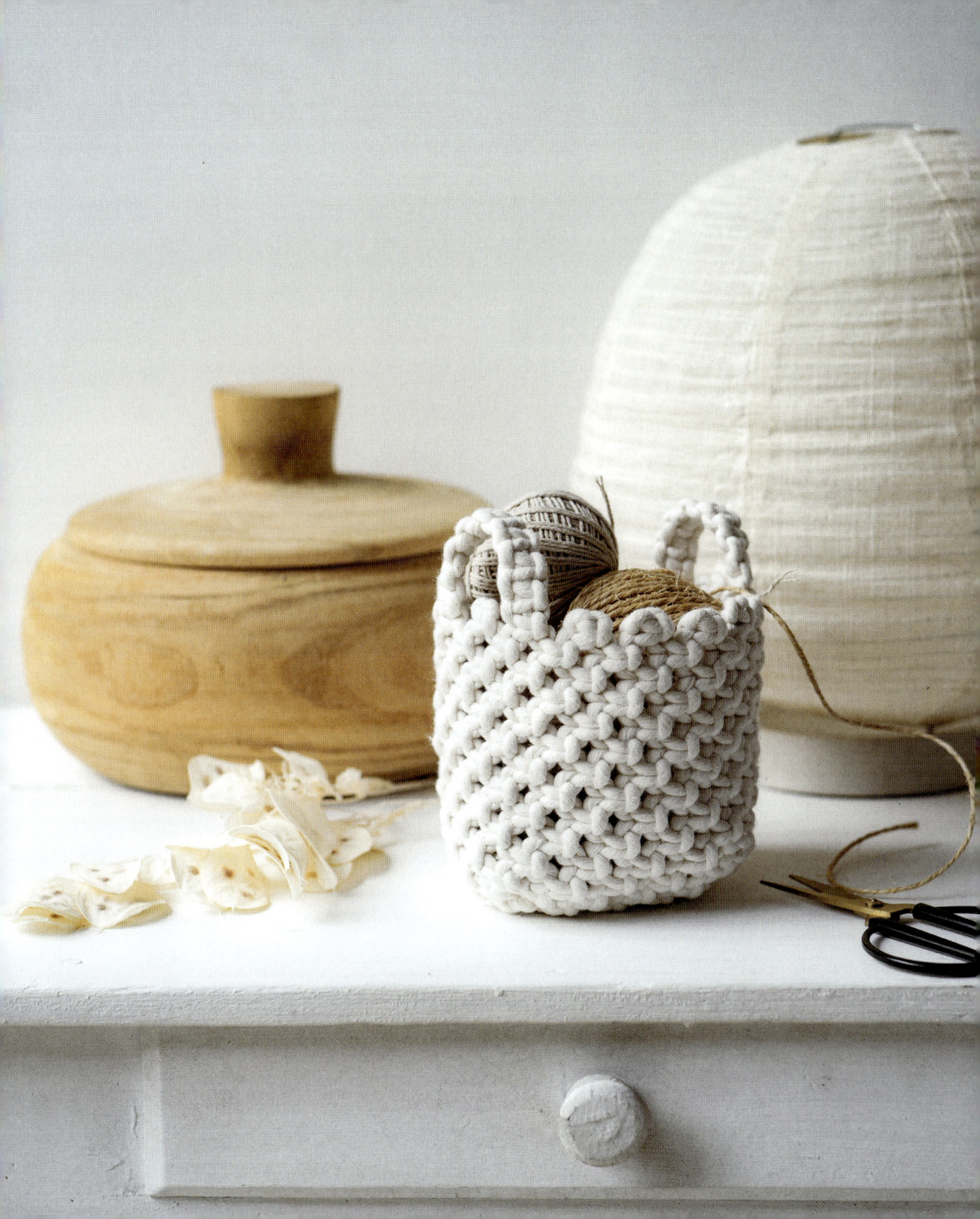

SCHRITT 1

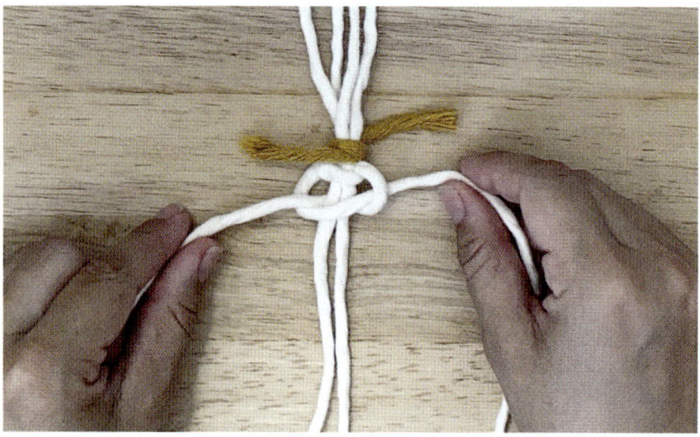

Um einen Henkel zu knüpfen, schneiden Sie 2 Fäden mit einer Länge von 1,9 m und 2 Fäden mit einer Länge von 1,5 m zu. Legen Sie sie doppelt, und markieren Sie die Mitte mit einem andersfarbigen Faden. Legen Sie die langen Fäden nach außen, sodass sich die 2 kürzeren Fäden in der Mitte befinden.

SCHRITT 2

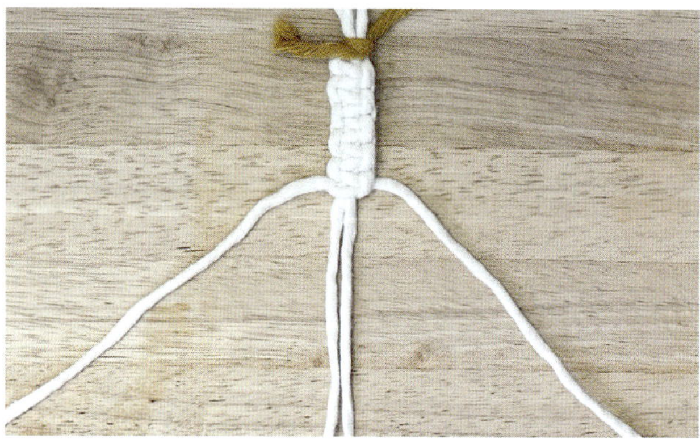

Knüpfen Sie einen Zopf aus 5 KK.

SCHRITT 3

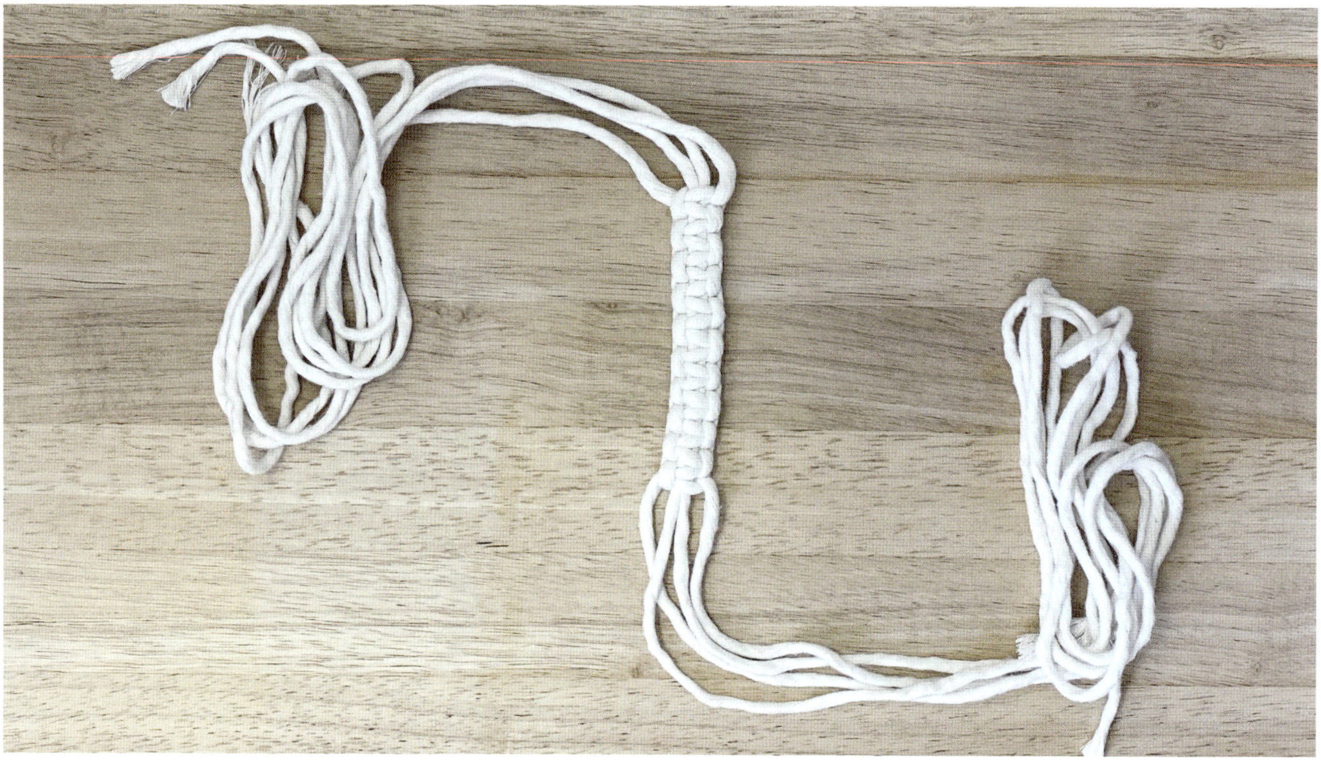

Drehen Sie den Henkel um, und knüpfen Sie den Zopf weiter. Entfernen Sie dafür zuerst die Mittelmarkierung, und knüpfen Sie 5 KK mit den 4 Fäden. Achten Sie darauf, auf welcher Seite sich die letzte Längsschlaufe befindet, bevor Sie beginnen.

SCHRITT 4 *Einen Kreuzknoten (KK) ohne Befestigung knüpfen*

Sie können eine Schaumstoff- oder Korkmatte verwenden, um die Fäden darauf festzustecken. Das erleichtert das Knüpfen der ersten Knoten.

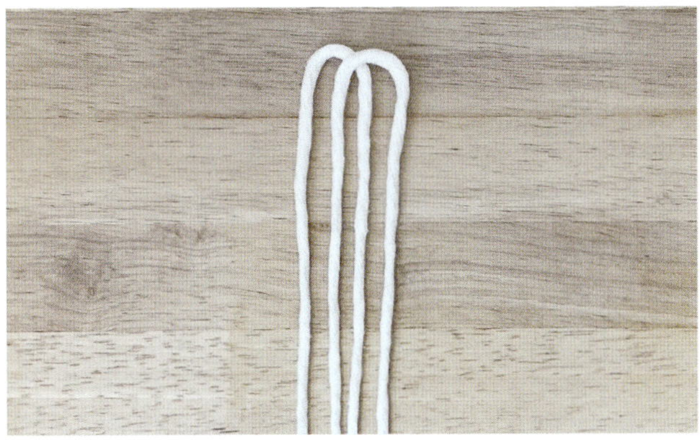

1 • Schneiden Sie 2 Fäden mit einer Länge von 1,4 m zu. Legen Sie sie doppelt, und lassen Sie sie in der Mitte überlappen – den rechten Faden über den linken, wenn Sie einen KK nach rechts knüpfen.

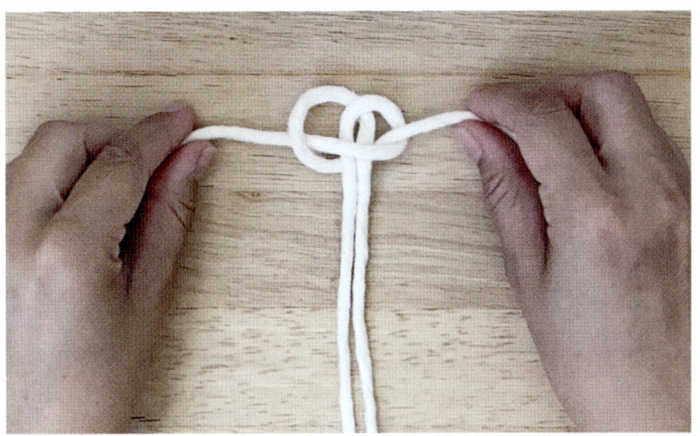

2 • Knüpfen Sie einen KK mit diesen 4 Fäden.

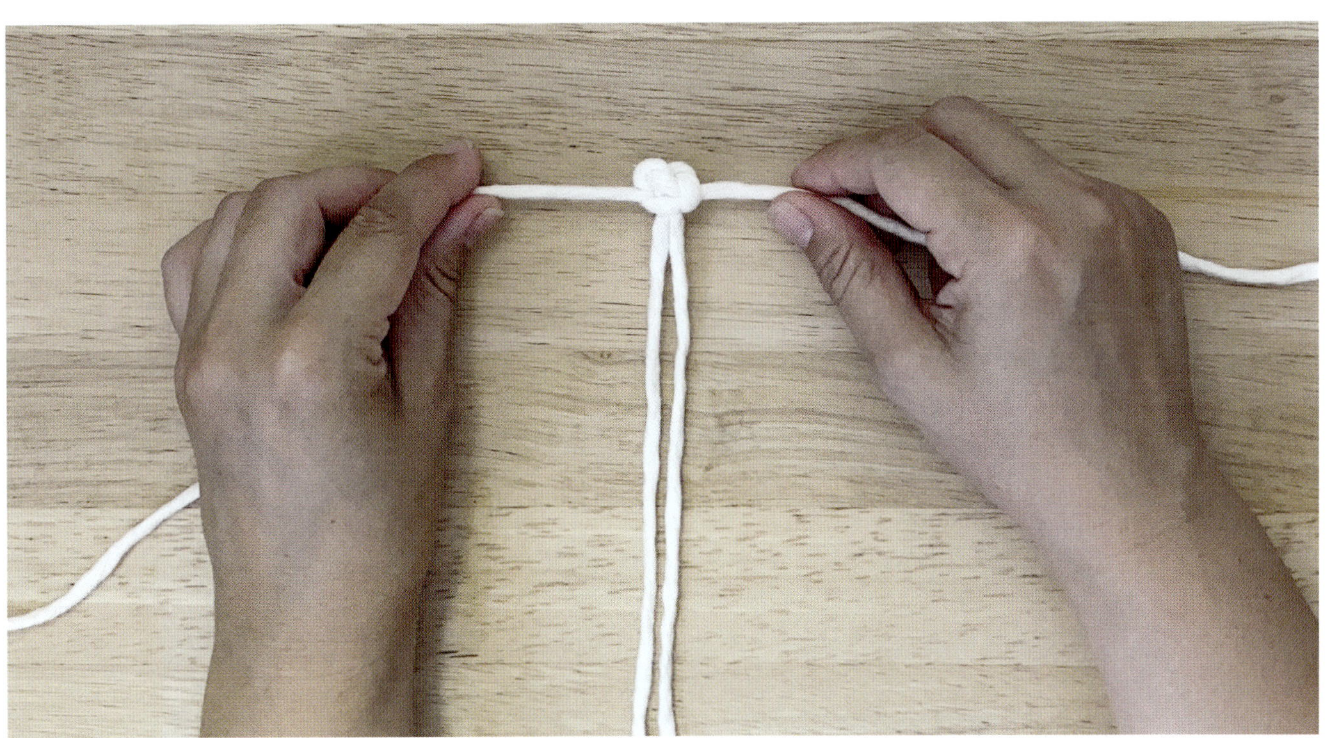

3 • Gut festziehen.

SCHRITT 5

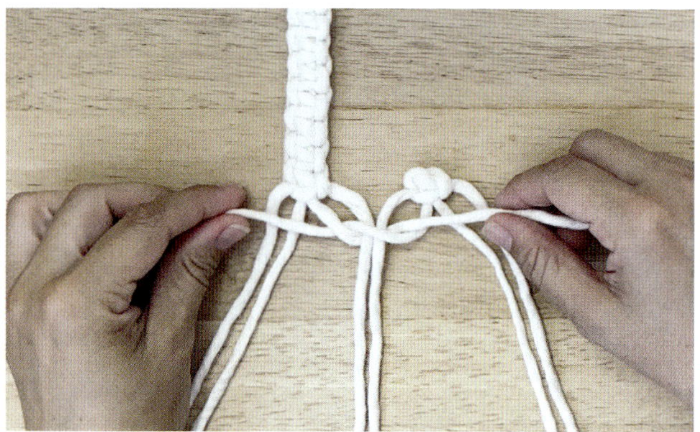

Befestigen Sie den Henkel an diesem KK mit einem VKK.

SCHRITT 6

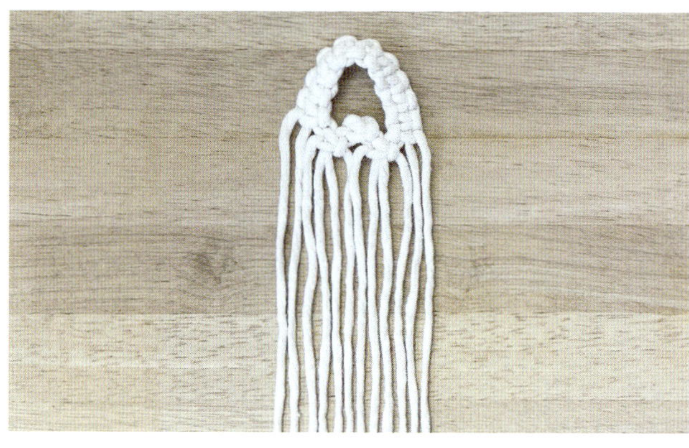

Schließen Sie den Henkel, indem Sie den Zopf so weit umklappen, dass das zweite Ende auf der anderen Seite des KK liegt. Verbinden Sie jetzt auch diese Seite mit einem VKK.

SCHRITT 7

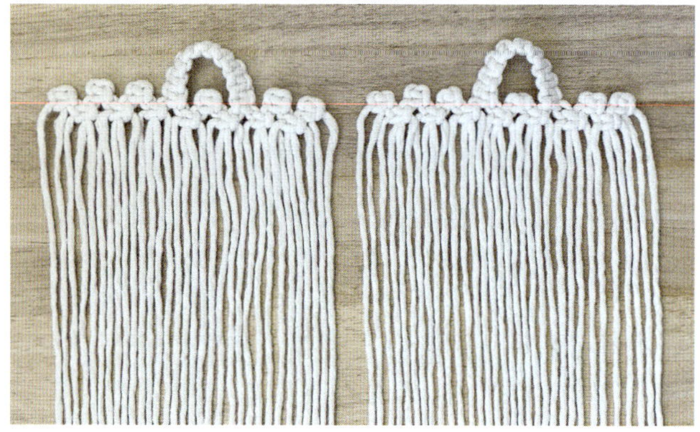

Knüpfen Sie 5 weitere KK ohne Befestigung und verbinden Sie diese mit Hilfe eines VKK mit dem Henkel, befestigen Sie 3 KK auf der einen und 2 KK auf der anderen Seite. Knüpfen Sie noch einen zweiten Henkel auf dieselbe Weise.

SCHRITT 8

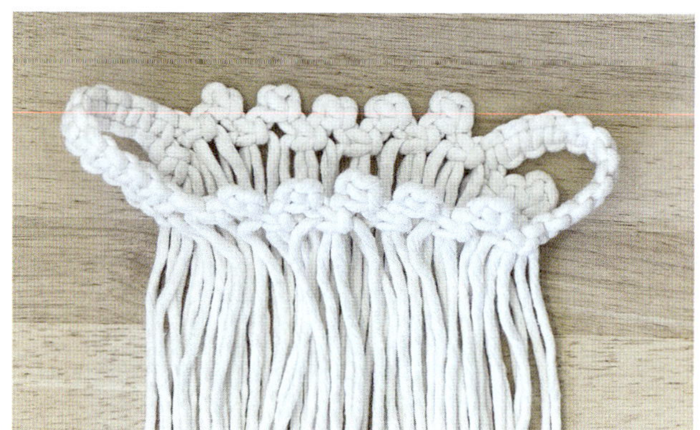

Verbinden Sie die beiden Teile mit einem VKK, sodass ein Kreis entsteht.

SCHRITT 9

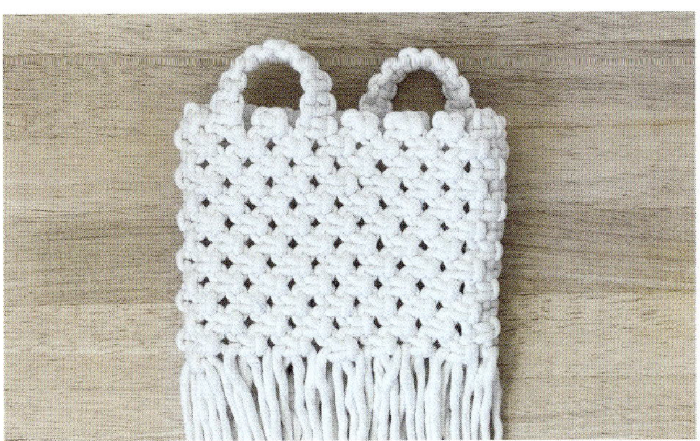

Knüpfen Sie 9 weitere Reihen VKK, bis Sie insgesamt 12 Reihen VKK haben, die KK am Anfang mitgerechnet.

SCHRITT 10

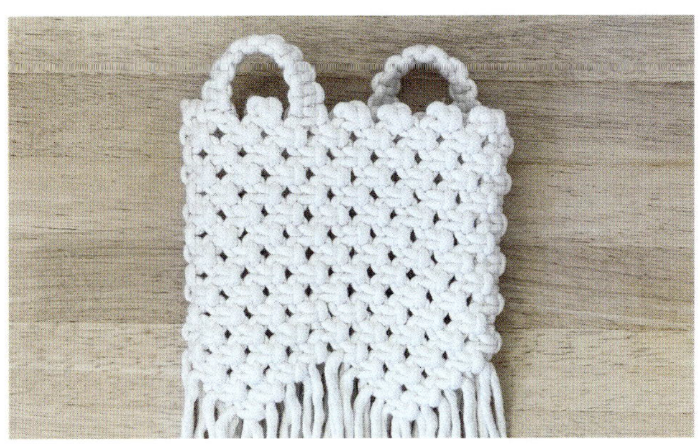

Teilen Sie die Fäden in 4 Bündel mit je 16 Strängen, und setzen Sie das VKK fort: Knüpfen Sie eine Reihe mit 4 KK, dann eine Reihe mit 3, dann eine Reihe mit 2 und zum Schluss eine Reihe mit nur einem KK. So entstehen 4 Dreiecke, deren Spitzen zum unteren Ende des Utensilos zeigen.

SCHRITT 11

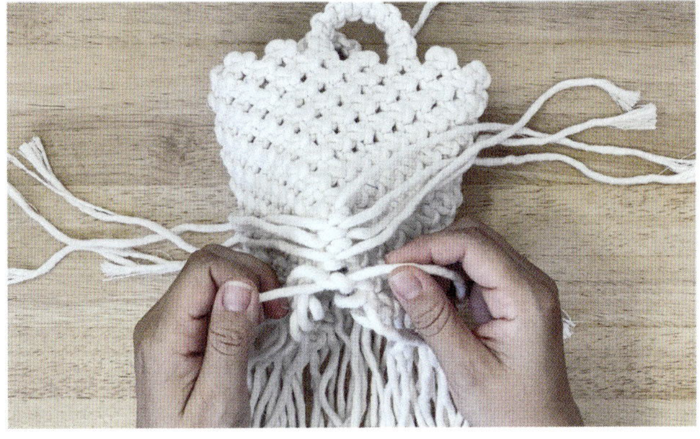

Drehen Sie Ihr Utensilo auf links. Verbinden Sie die Dreiecke miteinander, indem Sie die Fäden mit jeweils einem Doppelknoten miteinander verknoten. So entsteht der Boden des Utensilos.

SCHRITT 12

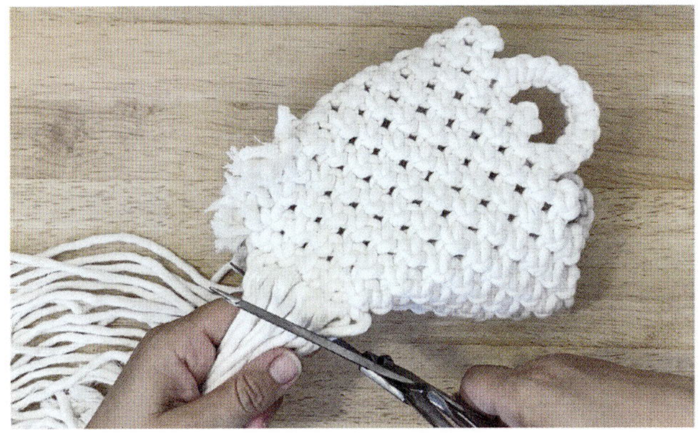

Schneiden Sie die Fäden auf eine Länge von ungefähr 1 cm zurück. Wenden Sie dann das Utensilo auf rechts.

Netzbeutel

Techniken

Versetztes Kreuzknotenmuster (VKK) mit Zwischenräumen

Picotblumen knüpfen

Das Einkaufsnetz, in das auch Bücher, Strandsachen und vieles mehr passen, erlebt sein Comeback: Dieses Accessoire ist elegant und nachhaltig, wenn es wie hier aus natürlichen Materialien hergestellt wird. Es wird im versetzten Kreuzknotenmuster und mit halben Schlägen geknüpft und ist mit hübschen Blumenspitzen verziert.

Materialien

- 65 m geflochtenes Garn (Stärke: 5 mm)
- Glatter Holzstab, 40–50 cm lang
- Schere
- Maßband
- Teppichnadel

Knüpfposition und Zeitaufwand

Sie arbeiten mit hängenden Fäden. Rechnen Sie mit etwa 3 Stunden Arbeitszeit.

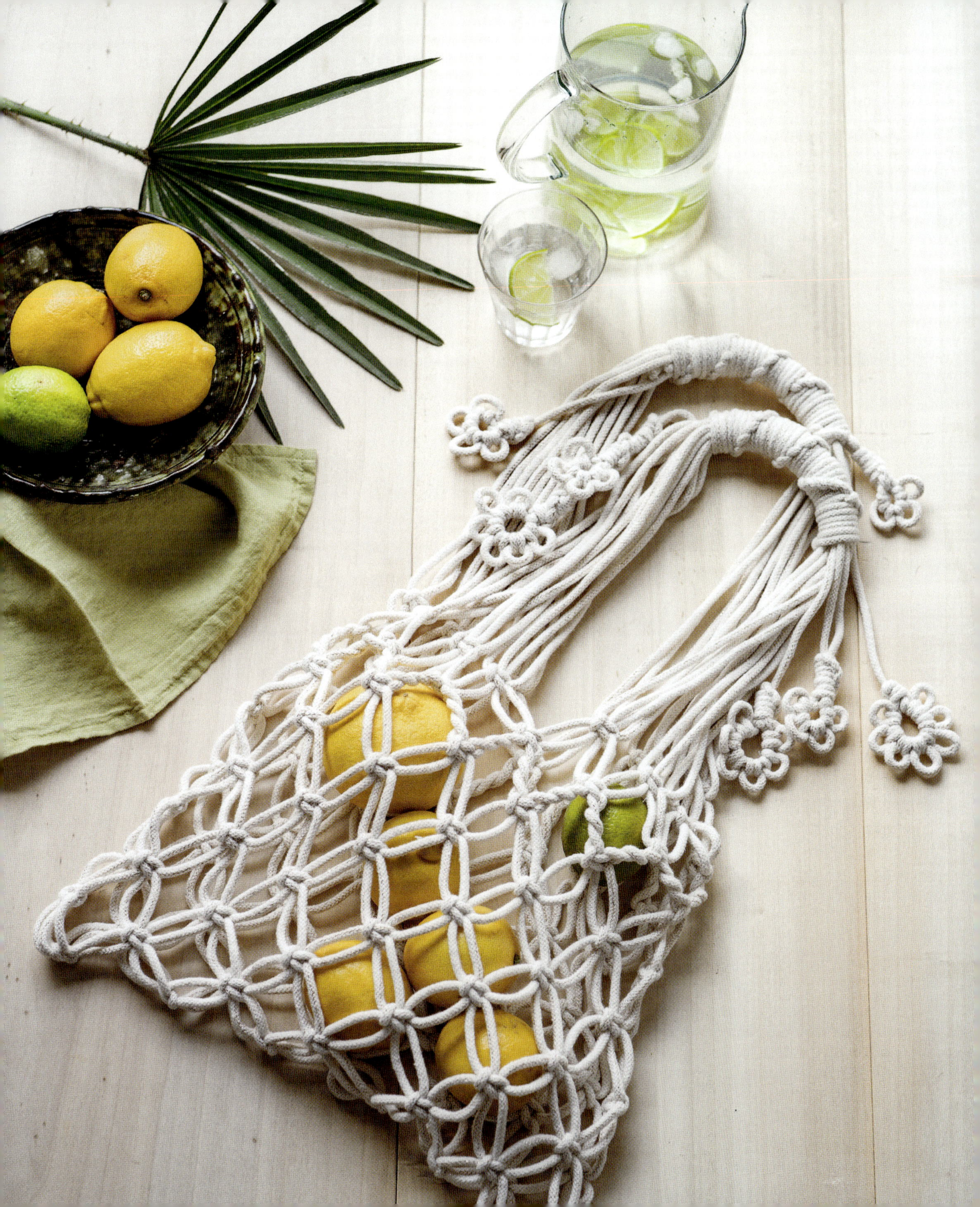

SCHRITT 1

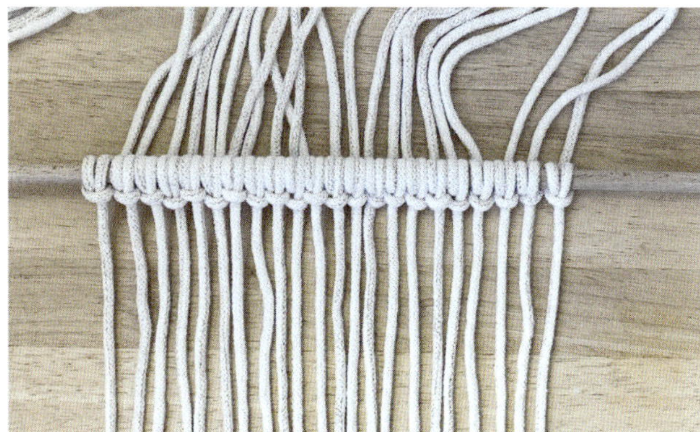

Schneiden Sie für den eigentlichen Beutel 24 Fäden zu, jeweils 2,5 m lang. Legen Sie sie doppelt und befestigen Sie sie mit LKK am Holzstab. Legen Sie wie beim Gürtel (siehe Seite 26 Schritt 2) jeden zweiten Faden zur anderen Seite.

SCHRITT 2

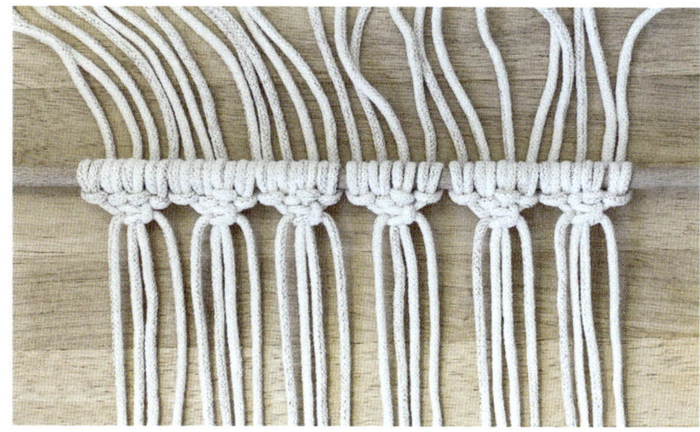

Knüpfen Sie eine Reihe aus 6 KK.

SCHRITT 3

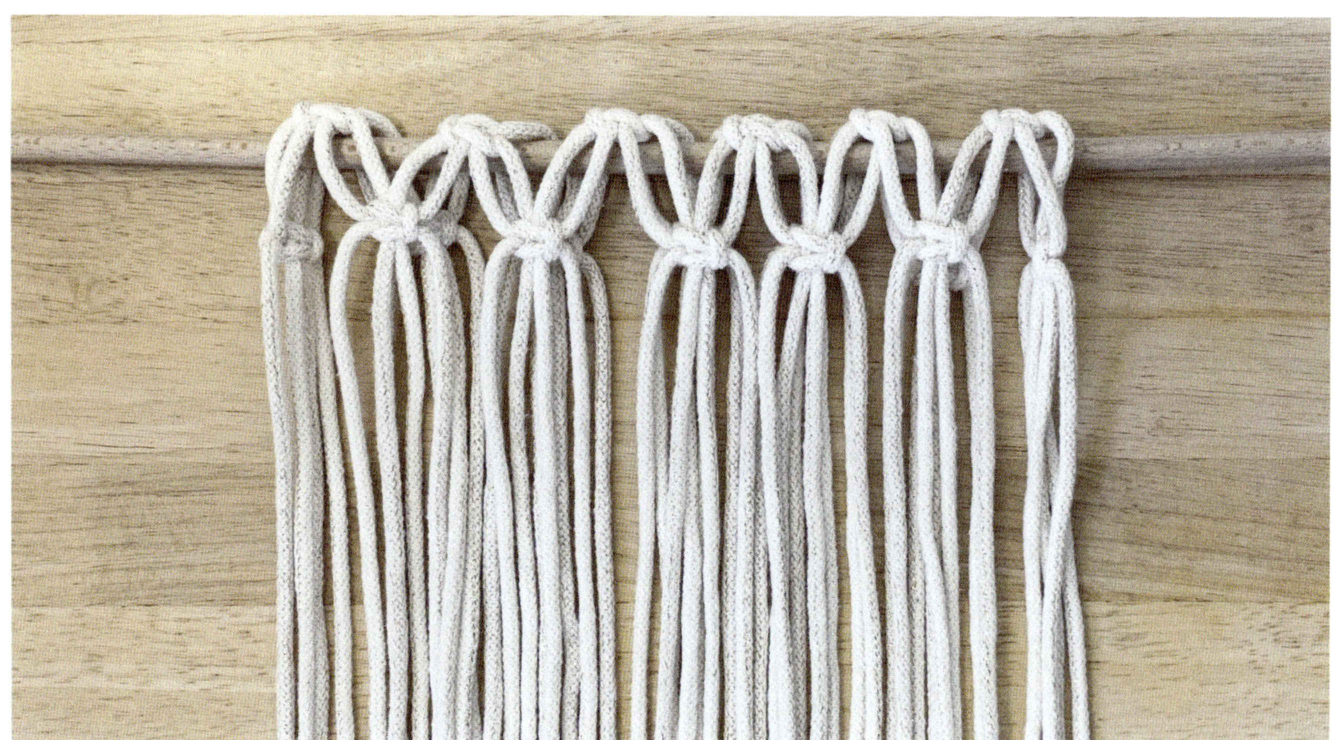

Lassen Sie einen Abstand von 4 cm, und knüpfen Sie 1 Reihe VKK mit 5 KK. Ziehen Sie den Holzstab heraus und führen Sie diesen unter den ersten 6 KK hindurch. Das ist der Boden des Beutels. Vollenden Sie die VKK-Reihe, indem Sie den Beutel so drehen, dass Sie in der Runde arbeiten können. Alle Fäden müssen verknotet werden. Auf diese Weise knüpfen Sie 5 weitere Reihen VKK.

Versetztes Kreuzknotenmuster (VKK) mit Zwischenräumen

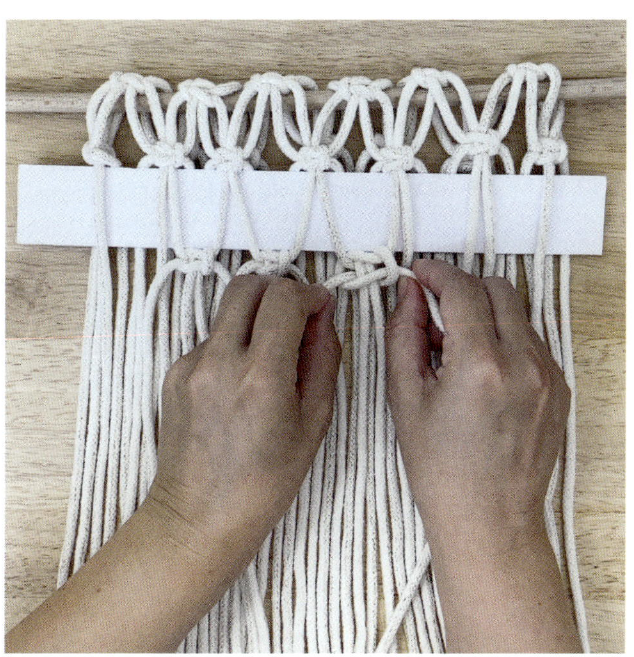

Um Reihen aus VKK mit einem Abstand von 4 cm zu knüpfen, können Sie sich mit einem rechteckigen Streifen aus Pappe behelfen oder ein Lineal verwenden, das 4 cm hoch ist.

SCHRITT 4

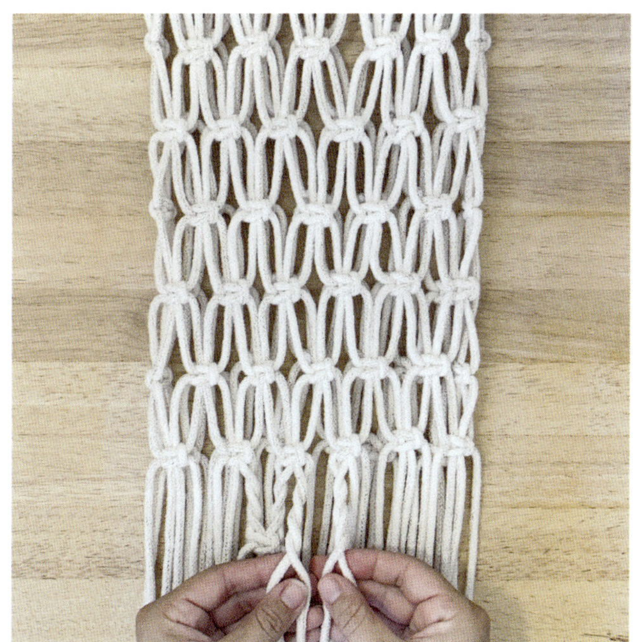

Bevor Sie die VKK in der siebten Reihe knüpfen, verdrehen Sie die Fäden jeweils paarweise 3-mal miteinander.

SCHRITT 5

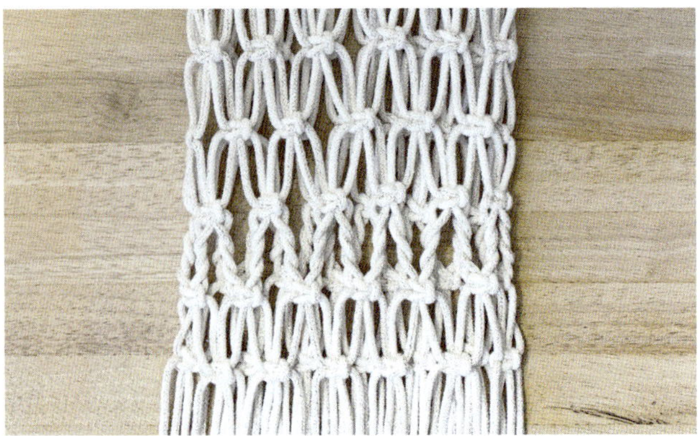

Knüpfen Sie noch eine Reihe VKK.

SCHRITT 6

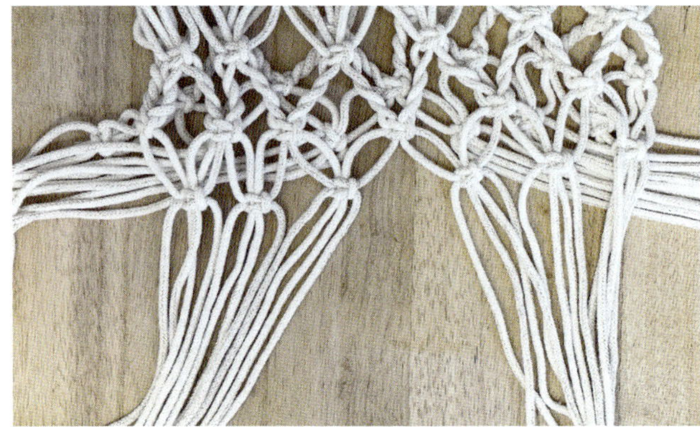

Teilen Sie die Fäden in 4 Bündel mit je 12 Fäden, und legen Sie die beiden Bündel, die obenauf liegen, übereinander.

SCHRITT 7

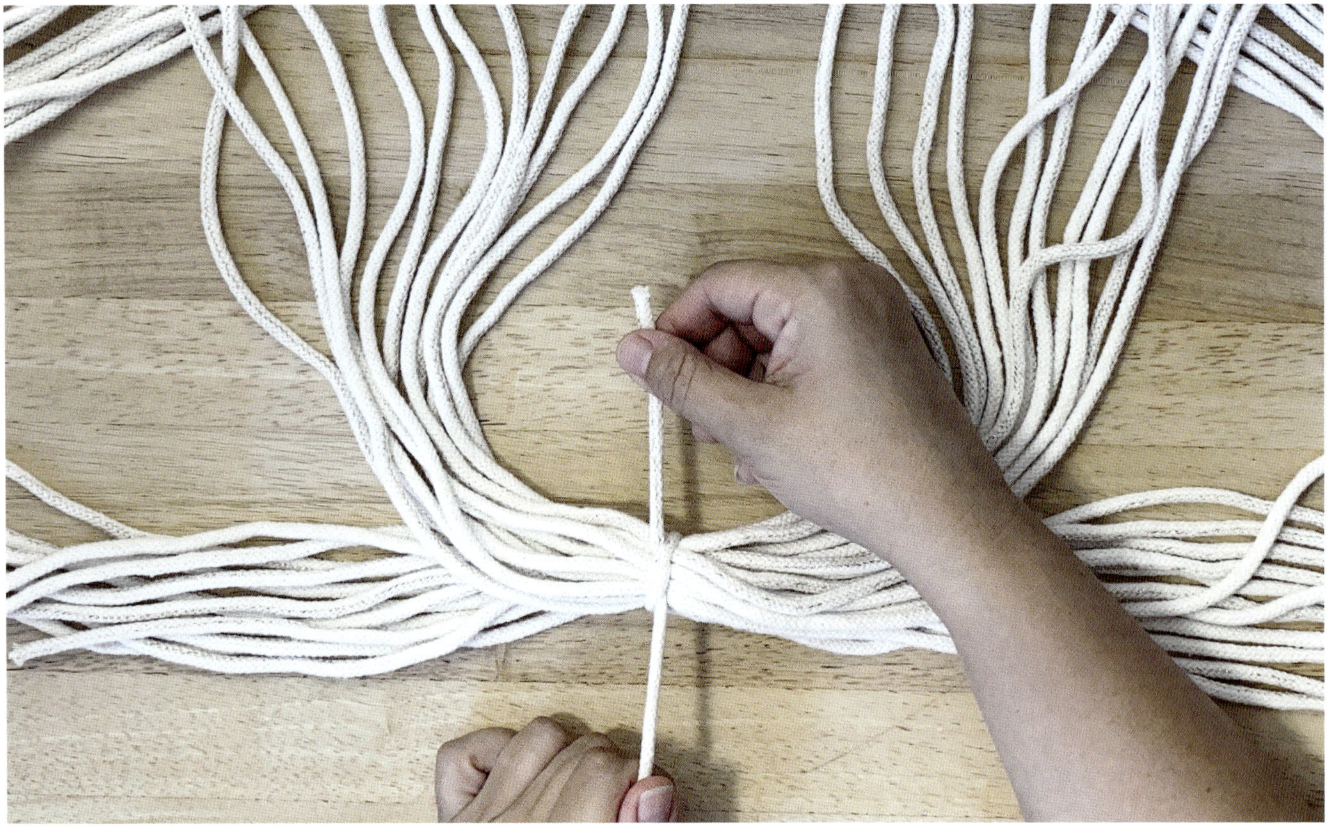

Schneiden Sie einen 1 m langen Faden zu, und knoten Sie das eine Ende mit einem einfachen Knoten um die beiden Bündel. Lassen Sie dabei einen Abstand von 25 cm zu den letzten KK.

SCHRITT 8

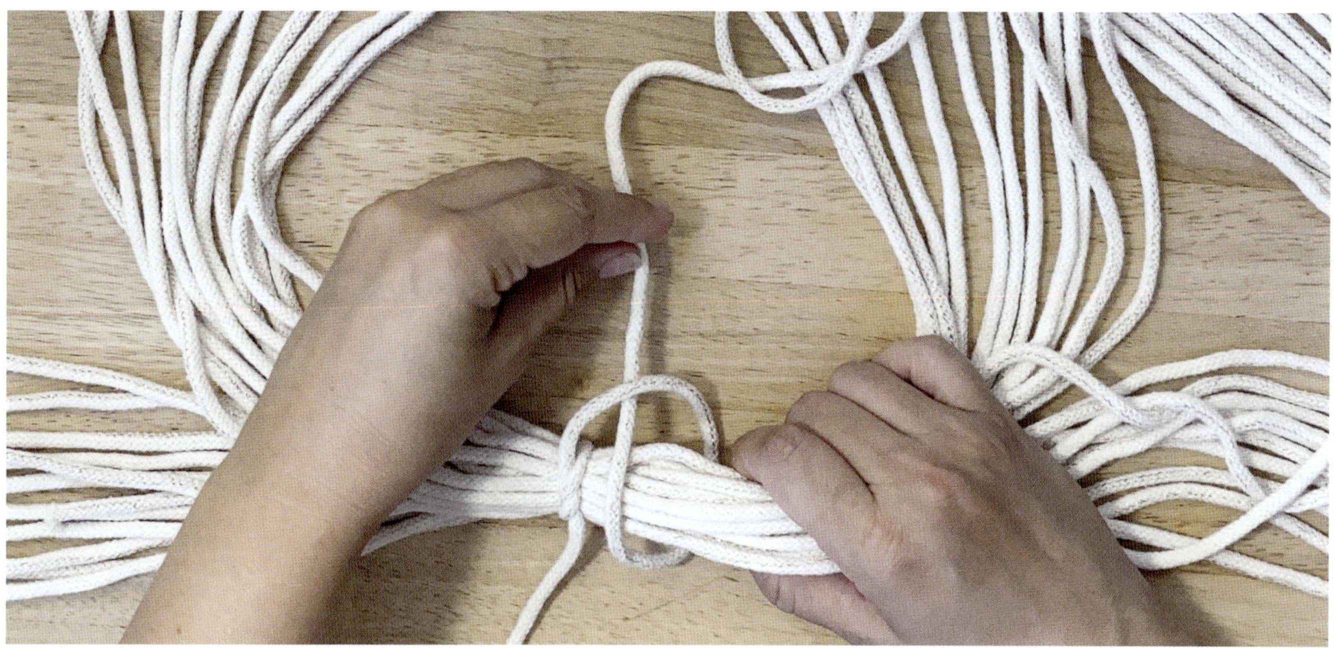

Mit dem längeren Fadenende knüpfen Sie halbe Schläge (siehe Schritt 3 Seite 26) um die 2 Bündel. Das wird der Henkel.

SCHRITT 9

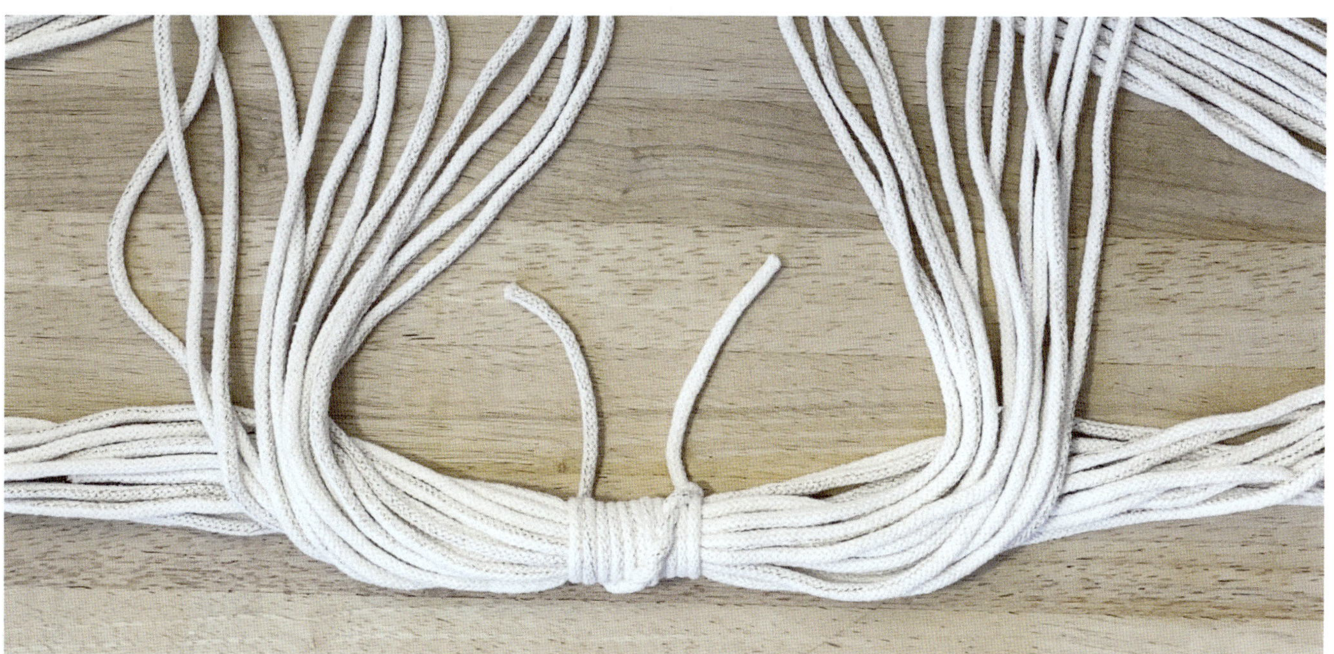

Es entsteht von alleine eine Halbknotenspirale.

SCHRITT 10

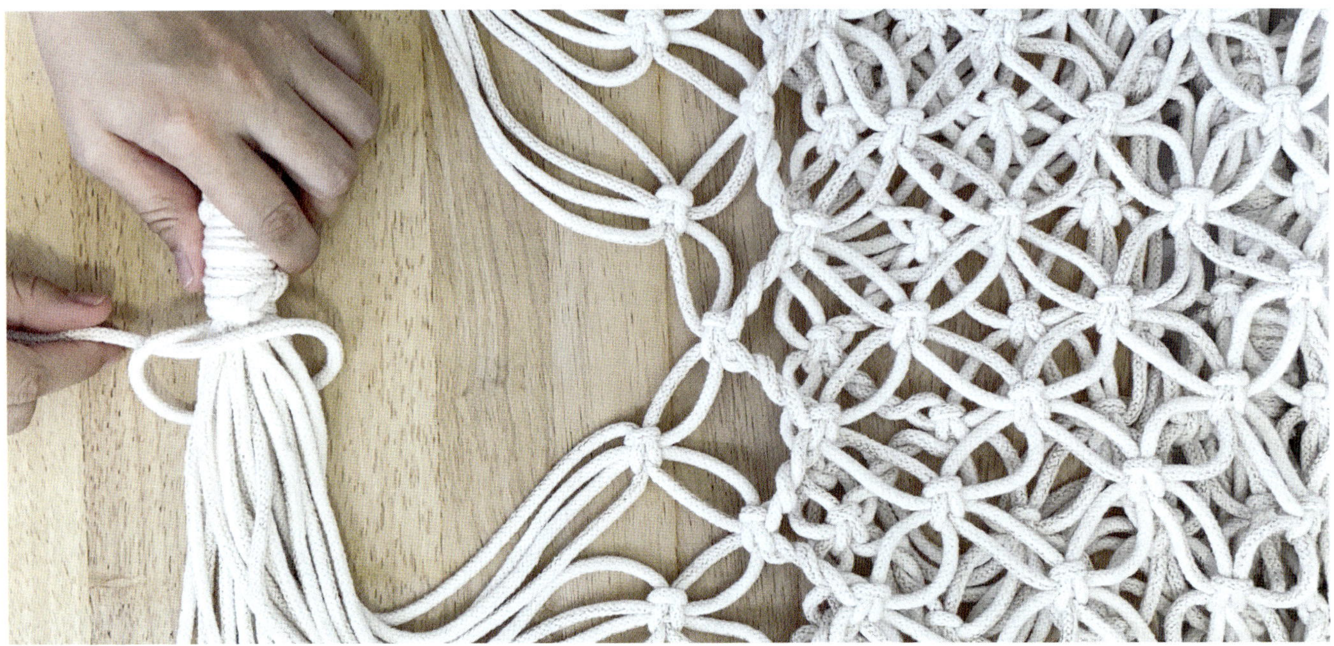

Wenn Sie diese erste Halbknotenspirale geknüpft haben, knüpfen Sie mit den Fäden des Bündels rechts und links davon 2 weitere. Links müssen Sie den halben Schlag für die Halbknotenspirale andersherum knüpfen.

SCHRITT 11

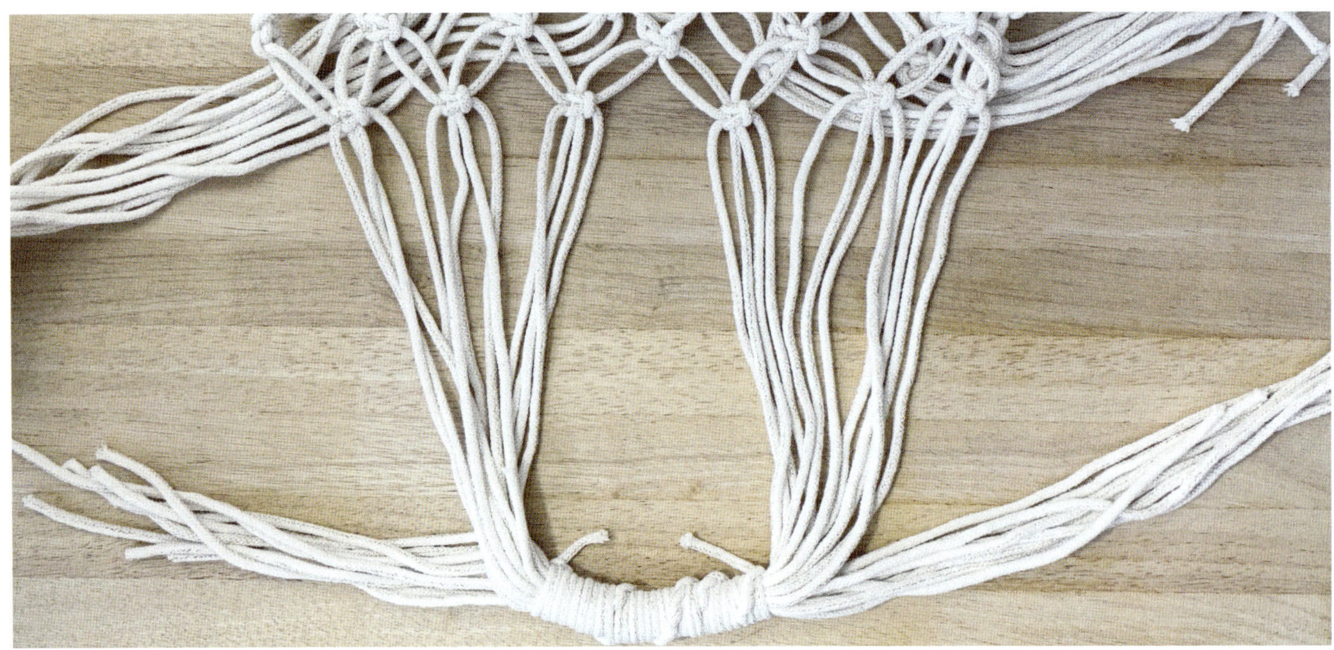

Ziehen Sie die Fadenenden mit einer Nadel ein. Für den zweiten Griff verfahren Sie genauso.

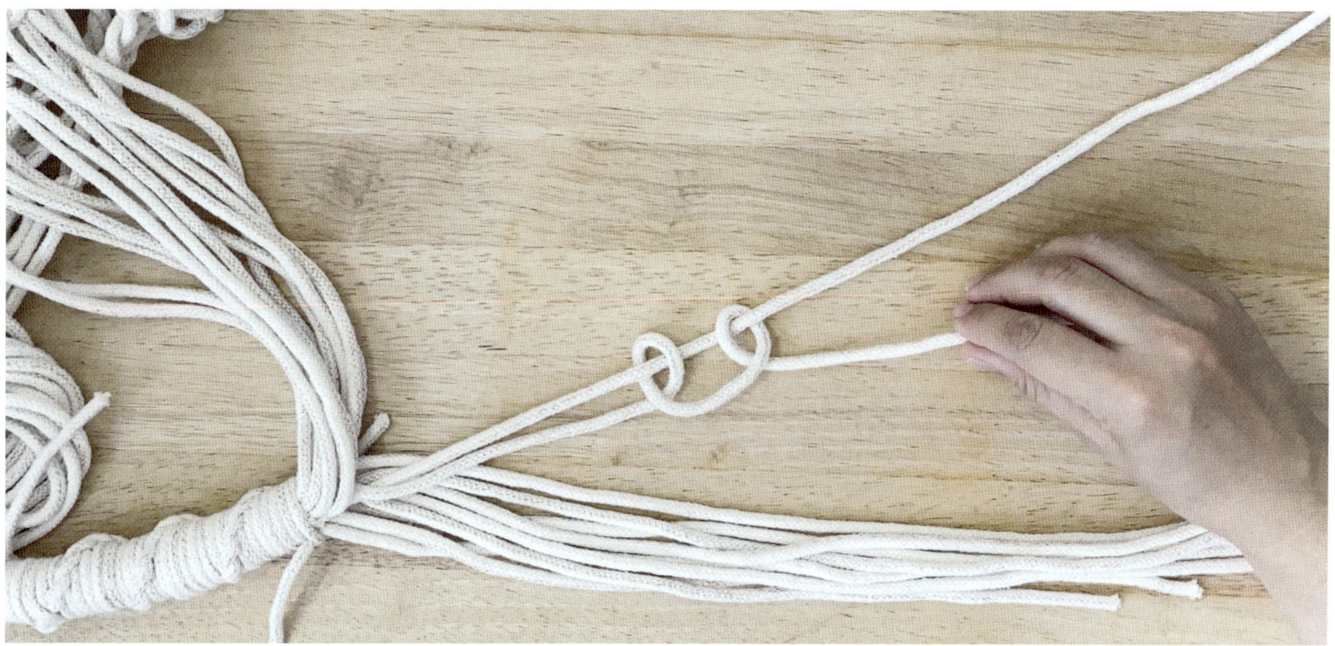

1 • Nehmen Sie 2 mindestens 35 cm lange Fäden aus einem der Fadenbündel, und knüpfen Sie LKK mit einem Faden.

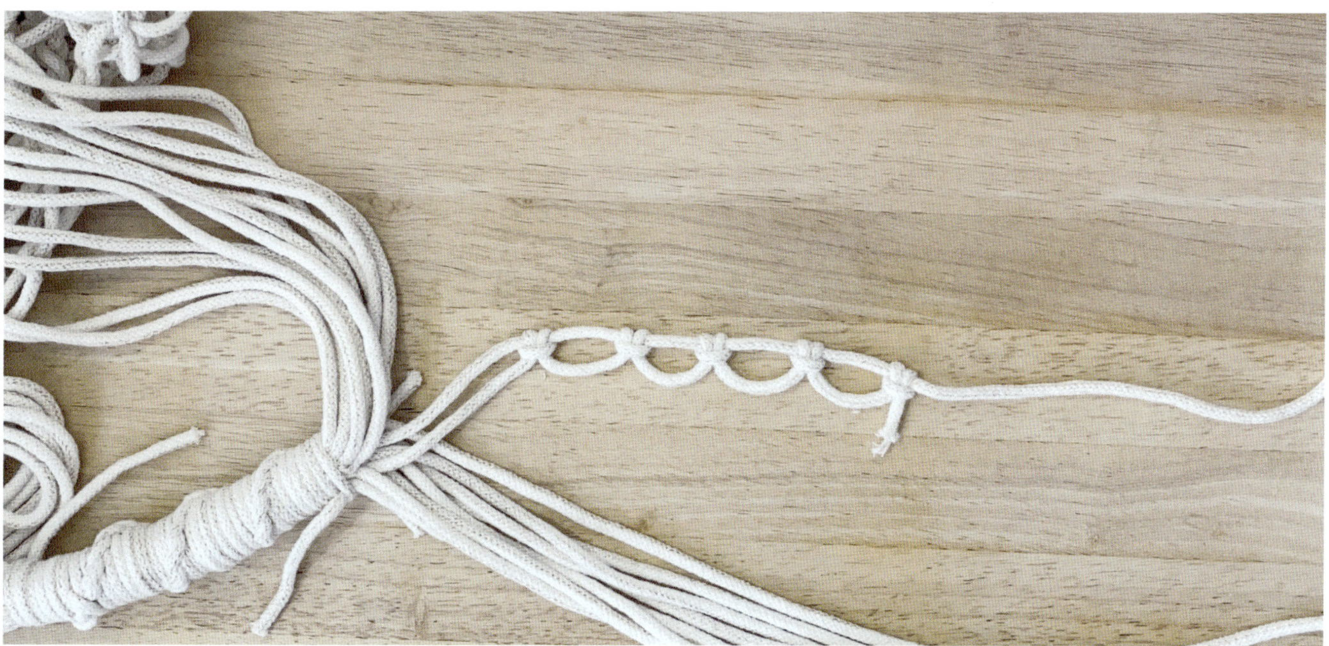

2 • Knüpfen Sie LKK mit einem Abstand von 2 cm, bis Sie das Ende des Fadens erreichen. Ziehen Sie dann die Knoten fest. So entsteht das Picotmuster für die Blütenblätter.

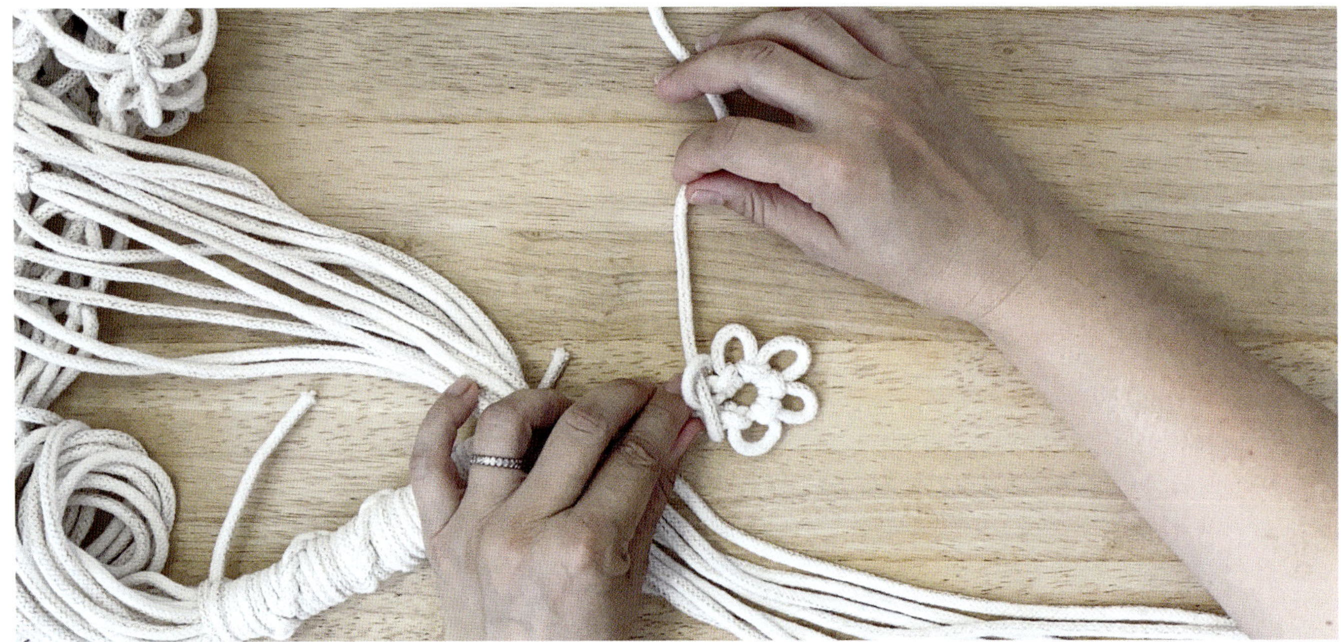

3 · Formen Sie die Picots zu einer Blüte, und verbinden Sie die Enden, indem Sie mit dem längsten Faden halbe Schläge knüpfen.

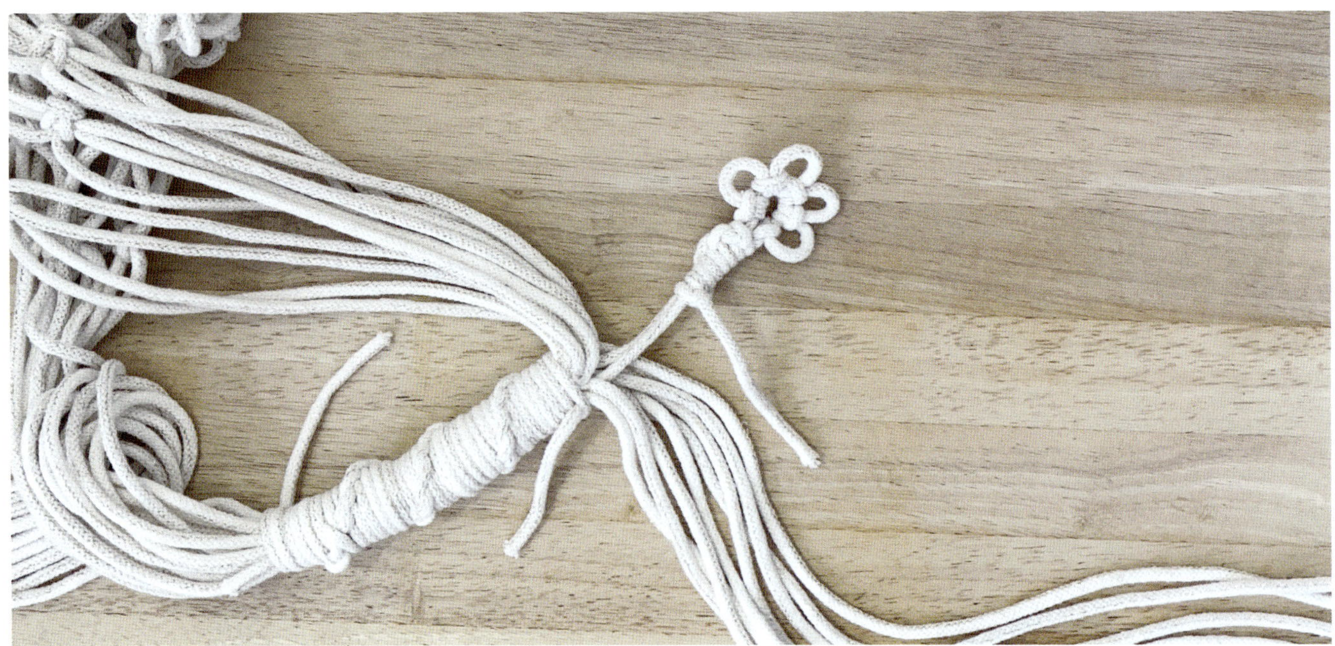

4 · Den überstehenden Faden mit einer Nadel einziehen.

SCHRITT 13

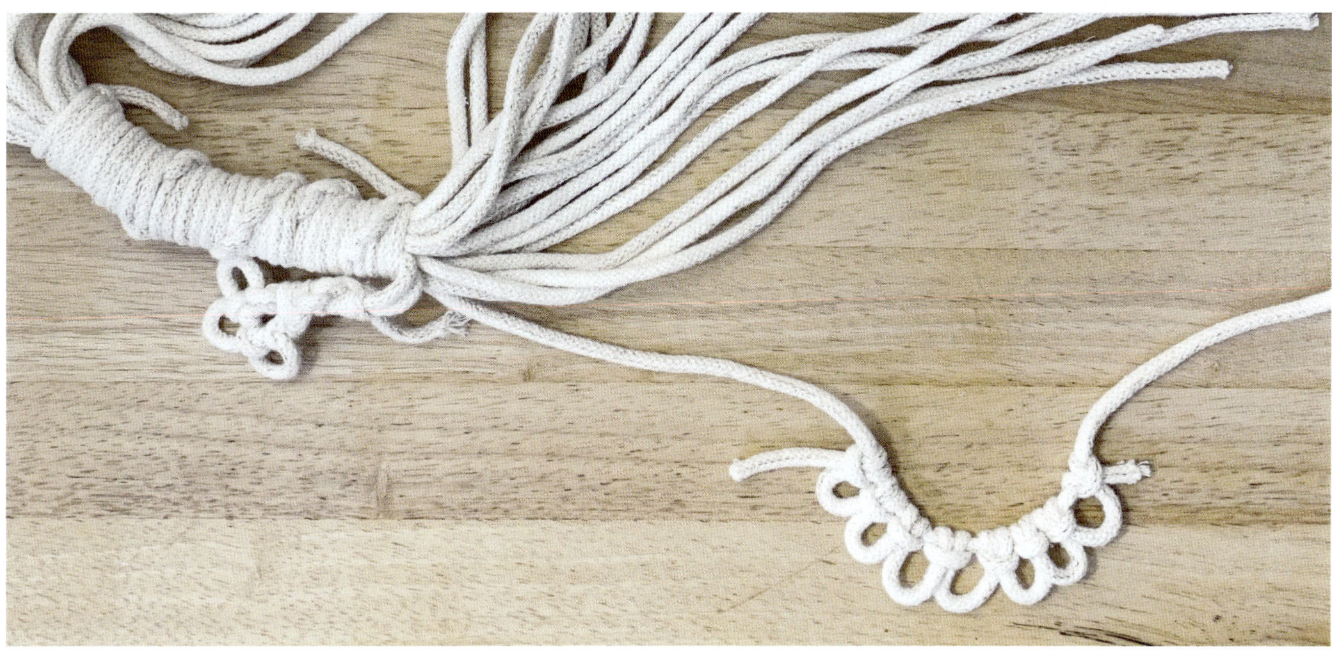

Sie können auch Blumen mit mehr Blütenblättern knüpfen, indem Sie einen 70 cm langen Faden an einem der freien Fäden befestigen.

SCHRITT 14

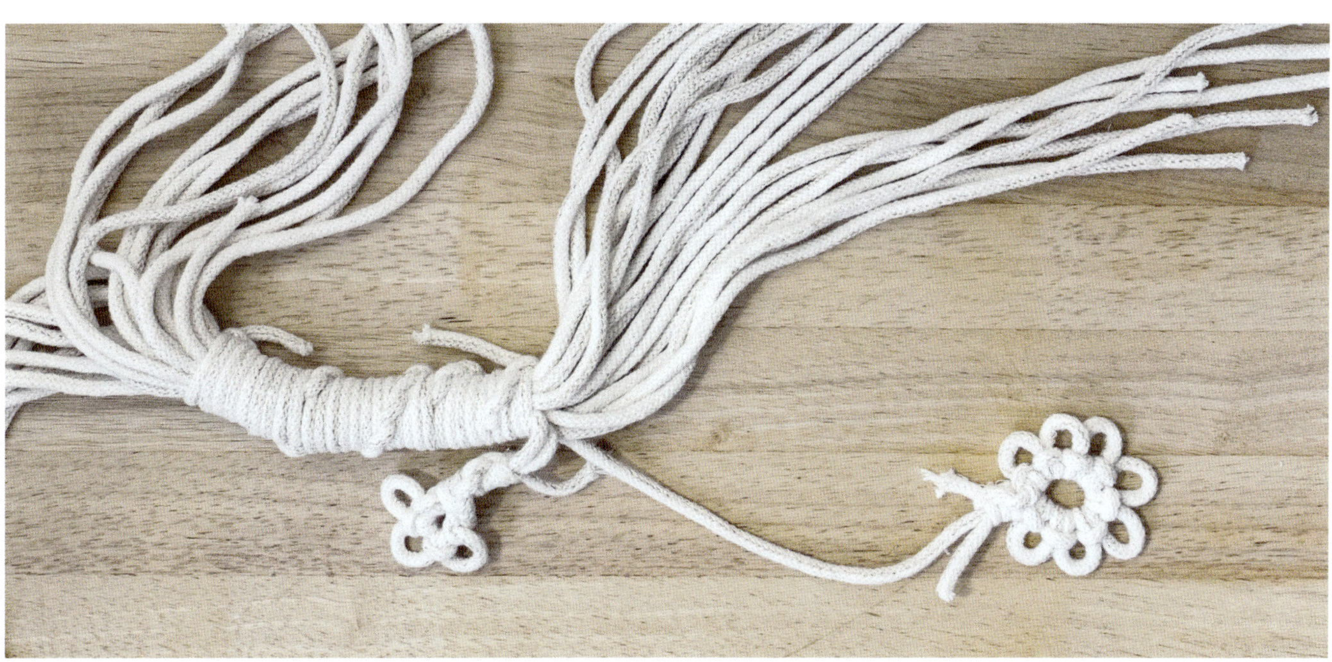

Knüpfen Sie so viele Blumen, wie Sie möchten, und schneiden Sie dann die restlichen losen Fäden bündig am Henkel ab.

ISBN 978-3-8094-4752-8

2. Auflage 2025

produktsicherheit@penguinrandomhouse.de
(Vorstehende Angaben sind zugleich Pflichtinformation nach GPSR.)

Die Originalausgabe erschien auf Französisch unter dem Titel
Le Macramé – Les Techniques essentielles en 10 modèles

Fotos: Fabrice Besse
Styling: Sonya Roy

Projektleitung dieser Ausgabe: Sibylle Lehmann
Umschlaggestaltung: Atelier Versen, Bad Aibling
Producing: SAW Communications, Redaktionsbüro Dr. Sabine A. Werner, Klein-Winternheim
Übersetzung: SAW Communications, Gesa Mattiesch
Redaktion: SAW Communications, Mia Kessler und Dr. Sabine A. Werner
Satz: SAW Communications in Zusammenarbeit mit Anke Enders
Herstellung: Franziska Polenz

Penguin Random House Verlagsgruppe FSC® N001967

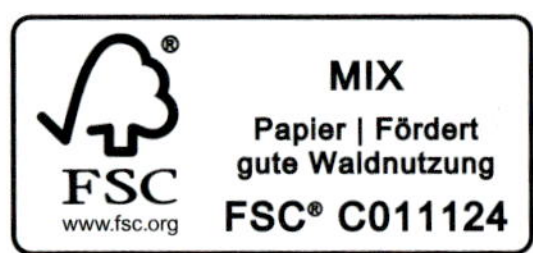

Druck und Bindung: Mohn Media Mohndruck GmbH, Gütersloh

Printed in Germany